JN485510

AI와 성의 경계

AI총서

인공지능 시대입니다. 기계가 인간의 인지를 대신하고, 사물이 인간을 통하지 않고 다른 사물과 직접 커뮤니케이션합니다. 이에 따른 인간 삶과 문명 변화를 정확히 이해·예측·대응하는 것은 이 시대 우리 모두의 과제입니다. AI총서는 인공지능 기술과 환경의 여러 주제를 10가지 키워드로 정리합니다. 관련 개념과 이론, 학계와 산업계의 쟁점, 우리 일상의 변화를 다룹니다. 인간과 기술의 현재, 미래를 세심히 분석합니다.

일러두기

- 인명, 작품명, 저서명, 개념어 등은 한글과 함께 괄호 안에 해당 국가의 원어를 병기했습니다.
- 외래어 표기는 현행 어문규정의 외래어표기법을 따랐습니다.

처음이세요?

전문가세요?

AI와 성의 경계

김태경

대한민국, 서울, 커뮤니케이션북스, 2025

AI와 성의 경계

지은이 김태경
펴낸이 박영률

초판 1쇄 펴낸날 2025년 11월 25일

커뮤니케이션북스(주)
출판 등록 2007년 8월 17일 제313-2007-000166호
02880 서울시 성북구 성북로 5-11
전화(02) 7474 001, 팩스(02) 736 5047
commbooks@commbooks.com
www.commbooks.com

ISBN 979-11-430-1029-2 03500

책값은 뒤표지에 표시되어 있습니다.

차례

새로운 경계를 탐구하며

기술 혁신은 우리 사회의 모든 측면을 근본적으로 변화시키고 있다. 과거와 달리, 다양한 문화적 배경과 가치관이 공존하는 현대 사회에서는 성(性) 도구가 개인의 성적 취향을 충족할 수 있는 하나의 수단으로서 점점 더 인정받고 있다. 이는 성적 도구가 단순히 개인의 육체적 쾌락만을 위한 도구가 아니라, 심리적 · 정서적 만족을 제공할 수 있는 수단임과 동시에 사회적으로도 허용 가능한 도구라는 것을 의미한다.

기술 혁신과 성 도구의 변화

기술 혁신은 우리 사회의 모든 측면을 근본적으로 변화시키고 있다. 과거와 달리, 다양한 문화적 배경과 가치관이 공존하는 현대 사회에서는 성 도구가 개인의 성적 취향을 충족할 수 있는 하나의 수단으로서 점점 더 인정받고 있다. 이는 성적 도구가 단순히 개인의 육체적 쾌락만을 위한 도구가 아니라, 심리적 · 정서적 만족을 제공할 수 있는 수단임과 동시에 사회적으로도 허용 가능한 도구라는 것을 의미한다. 이러한 변화는 성적 도구의 발전이 기술과 창의성의 결합으로 점점 더 정교해지면서 다양화되고 있으며, 우리 사회가 개인의 성적 자유와 권리를 더욱 중시하는 방향으로 나아가고 있음을 뜻한다.

전통적 성윤리의 도전과 한계

성에 대한 지금 우리의 시선과 달리, 19세기 전까지 서구 사회에서는 주로 성적 표현이나 행위를 억압하거나 금기시하는 경향이 강했다. 하지만 이러한 경향에 비해 성 도구의 개발과 사용은 지속적으로 이뤄지고 있었다. 성 도구의 지속적 개발은 인간의 성적 욕구가 억제될 수 없는 자연스러운 본능이라는 것을 의미함과 동시에, 이러한 욕구는 사회적 금기나 억압에도 불구하고 다양한 형태로 표현되고 충족될 수 있음을 의미한다.

성 도구와 인간의 성적 욕구

AI와 같은 기술의 발전은 새로운 유형의 성 도구를 개발하도록 유도하고, 다양한 형태의 성적 표현 역시 가능하게 하는 데 큰 역할을 담당하고 있다. 인간은 다양한 방식으로 성욕을 해소하며, 각자의 성적 취향에 따라 여러 유형의 관계를 맺어 왔다. 인간의 성행위, 즉 섹스는 상대방과의 육체적 쾌락을 충족하기 위한 수단을 넘어, 상대방과의 정서적 교감을 나누는 중요한 수단이기도 하다. 우리가 다양한 방식으로 상대방과 교감하고 소통한다는 점을 고려해 볼 때, 섹스는 이를 위한 하나의 수단이 될 수 있다.

그러나 섹스를 함께할 상대, 즉 육체적 쾌락을 위해서나 정서적 교감을 위해서나 필요한 상대가 존재하지 않을 때, 사람들은 성적 욕구를 해소하기 위해 주로 세 가지 방식을 취하게 된다. 첫 번째는 폭력이나 강압에 의한 성행위로, 이는 명백히 타인의 기본권을 침해하는 행위다. 두 번째는 성매매를 통한 욕구 해소로, 이는 법적으로나 도덕적으로 문제가 될 수 있다. 마지막으로는 개인의 취향에 맞춘 다양한 방식의 자위행위가 있다.

첫 번째와 두 번째 방식은 타인의 기본권을 침해하거나 심각한 법률 위반 행위에 해당하기 때문에 도덕적으로 용납될 수 없다. 따라서 도덕적으로 정당한 욕구 해소 방식은 세 번째 경우, 즉 자위행위뿐이다. 이는 성적 파트너가 없는 상황에서 자신의 성욕을 해소하면서도 타인의 권리를 침해하지 않고, 법을 위반하지 않는 유일한 방법으로 볼 수 있다. 결국 인간의 성욕 해소는 도덕적이고 법적인 측면에서 타인을 해하지 않는 범위 내에서 이뤄져야 하며, 이러한 점에서 자위행위는 가장 합리적인 선택으로 간주될 수 있다(김태경, 2019, 70쪽).

사회적으로 수용 가능한 성행위

인간의 성적 욕구와 그 해소 방식은 개인의 취향과 사회적, 도덕적 기준에 따라 다양한 형태를 띤다. 성적 행위는 단순한 육체적 만족을 넘어 정서적 유대감을 형성하는 중요한 역할을 하지만, 이는 반드시 타인의 권리를 존중하고 법을 준수하는 범위 내에서 이뤄져야 한다. 현대 사회에서는 이러한 성적 욕구 해소 방법에 대한 이해와 수용이 점차 확대되고 있으며, 이는 개인의 성적 자유와 권리를 중시하는 방향으로 나아가고 있다. 따라서 우리는 성적 행위가 가지는 다층적인 의미를 이해하고, 이를 통해 보다 건강하고 균형 잡힌 성적 삶을 추구할 필요가 있다.

성 도구의 역사와 발전

인류의 역사에서 성 도구의 개발과 사용은 깊은 뿌리를 가지고 있다. 자신의 신체를 이용한 자위행위나 주변의 사물을 활용하는 방식이 가장 일반적이겠지만, 그 외에도 자위행위만을 목적으로 한 제품들이 등장하고 이를 적극적으로 사용하는 경우도 있다. 이러한 성 도구들은 남성이나 여성의 성기를 모방한 자위 기구뿐만 아니라, 다양한 종류의 자극을 성감대 부위에 전달하는 기구에 이르기까지 끊임없이 발전해 왔다. 이처럼 성 도구의 발전은 인간의 성적 욕구와 쾌락 추구를 충족하기 위한 노력의 일환으로, 기술과 창의성이 결합해 점점 더 정교해지고 다양화되고 있는 것이다. 이는 성적 만족을 개인의 취향에 맞게 제공함으로써, 사람들의 성적 자유와 자기 표현의 수단을 더욱 풍부하게 해 준다고 볼 수 있다.

AI와 성적 도구의 진화

최근에는 인간의 체형을 본뜬 실리콘 소재의 리얼돌에 AI 기능이 탑재된 섹스로봇이 개발되고 있다. 이러한 제품들은 최근 10여 년 사이에 빠르게 발전해 왔다. 최초의 섹스로봇 중 하나로 여겨지는 제품은 더글러스 하인스(Douglas Hines)가 개발한 트루컴패니언(Truecompanion)사의 '록시(Roxxxy)'다. 록시는 신장 170cm에 54kg의 몸무게로, 인간과 거의 유사한 신체적 조건을 갖추고 있다. 특히 록시는 AI 기능을 통해 사용자의 성적 기호와 패턴 등을 학습할 수 있으며, 사용자와 의사소통이 가능하다. 이 섹스로봇은 자신이 감지하는 성적 행위

등을 표현할 수 있는 능력도 갖추고 있으며, 성행위 중에는 사용자의 손길을 느끼고 이에 대한 적절한 반응을 보이기도 한다. 제조사는 이러한 제품을 사용자의 성적 취향에 맞춰 주문 제작할 수 있도록 하고 있어, 개인화된 성적 경험을 제공하고 있다(김태경, 2019, 70~71쪽).

이와 같은 기술의 발전은 성적 만족을 위한 새로운 가능성을 열어 주고 있으며, 성적 활동의 미래에 대한 다양한 논의와 관심을 불러일으키고 있다.

새로운 윤리적 프레임워크의 필요성

AI 섹스로봇의 출현은 전통적인 성 담론과 윤리적 경계를 무너뜨리고 새로운 윤리를 요구한다. 이러한 인공물들이 제기하는 사회적 · 윤리적 문제를 해결하기 위해서는 사회가 공유하는 가치에 기초해 판단하는 것 역시 중요하겠지만, 더불어 이러한 도구들이 야기할 수 있는 실제 사실들, 즉 실증적 근거에 기반한 포괄적 접근이 요구된다. 이러한 접근 방식은 성적 인공물이 인간의 가치와 관계에 미칠 복합적인 영향을 이해하고, 사회적 · 윤리적 대응을 위한 방향성을 마련하는 데 중요한 역할을 할 것이다.

미래를 위한 새로운 논의

이 책은 AI 섹스로봇이 제기하는 윤리적 도전에 대한 심도 있는 논의를 통해, 인간의 가치와 사회적 관계가 어떻게 변화될 수 있는지를 탐구한다. 기술의 발전이 우리에게 제안하는 새로운 윤리적 과제를 이해하고, 이에 대한 사회적 합의와 법적 규제를 마련하는 것은 앞으로의 중요한 과제가 될 것이다. 이러한 논의는 성과 기술, 그리고 인간의 경계를 재조명하며, 미래 사회에서 AI가 어떤 역할을 수행할 수 있을지를 명확히 하는 데 기여할 것이다. 지속적인 대화와 연구가 필요한 이 과정은 사회적 통합과 윤리적 책임을 강화하는 데 필수적인 역할을 할 것이다.

이 책의 내용들은 대부분 필자가 발표한 논문 3편의 내용을 기반으로 한다. 먼저 2023년 3월에 한국동서철학회에서 발간하는《동서철학연구》107호에 게재된 "전통적 성윤리에 기반한 섹스로봇에 대한 도덕적 가치판단은 정당한가?"라는 논문, 그리고 2019년 1월에 새한철학회에서 발간한《철학논총》제 95집에 실린 논문 "섹스로봇(Sex robot)의 상용화가 갖는 윤리적 문제와 윤리적 정당성 확보에 대하여"와 2020년 11월에 한국과학철학회에서 발간한《과학철학》제23권 3호에 실린 논문 "리얼돌과 섹스로봇의 상징성 문제"를 기반으로 해, 그 내용을 수정하고 발전시킨 것이다. 비록 새롭게 보이지 않을 수 있지만, 필자의 반복적인 논의와 추가된 새로운 관점을 통해, 이 글이 새로운 시대에 걸맞은 윤리적 담론 형성에 기여하기를 기대한다.

참고문헌

김태경(2019). "섹스로봇(Sex robot)의 상용화가 갖는 윤리적 문제와 윤리적 정당성 확보에 대하여". 《철학논총》, 95, 69~85쪽.

김태경(2020). "리얼돌과 섹스로봇의 상징성 문제". 《과학철학》, 23(3), 61~86쪽.

김태경(2023). "전통적 성윤리에 기반한 섹스로봇에 대한 도덕적 가치판단은 정당한가?". 《동서철학연구》, 107, 229~255쪽.

01
성 그리고 윤리

성, 쉽게 말해 섹스는 우리 스스로 자부심을 느끼는 인류의 소중한 가치들과 매우 밀접한 관련이 있다. 따라서 앞서 언급된 가치들과 마찬가지로 중요하게 다뤄져야 하고, 일상에서 자주 논의돼야 한다. 하지만 현실에서는 부끄러움과 같은 이유로 그러지 못하고 있는 상황이다. 섹스에 대한 이러한 부끄러움이나 침묵의 문화는 오히려 성에 대한 잘못된 오해와 편견을 키울 뿐이다.

기후 위기와 인공지능?

불편하지만 필요한 얘기들

성(性)과 관련된 주제만큼 당황스럽거나 부끄러운 기분이 들게 하는 주제가 또 있을까? 연인 간의 사랑, 세심한 배려와 존중, 인간 신체의 아름다움, 감정의 교환이나 공감 같은 주제를 나눌 때, 우리는 이러한 것들이 인류의 역사에서 반드시 지켜야 할 성스러운 가치임을 깨닫게 된다. 이때 우리는 이런 주제들을 최대한 아름다운 미사여구로 표현하며, 그 가치를 새삼 숭고하게 느끼고 우리 스스로에 대한 자부심을 가지기도 한다.

성(性), 쉽게 말해 섹스는 우리 스스로 자부심을 느끼는 인류의 소중한 가치들과 매우 밀접한 관련이 있다. 따라서 앞서 언급된 가치들과 마찬가지로 중요하게 다뤄져야 하고, 일상에서 자주 논의돼야 한다. 하지만 현실에서는 부끄러움과 같은 이유로 그러지 못하고 있는 상황이다. 실제 필자가 대학이나 공공기관에서 강의나 특강을 할 때에도, 학생들이나 청자들의 반응은 대개 한결같다. 그들은 대개 부끄러워하거나 침묵한다. 우리의 일반적인 사회 통념은 인류에게 중요한 가치들과 연관된 섹스라는 중요한 주제를 피상적으로 다루게 하며, 성에 대한 사회 전반의 이해와 성숙을 저해하는 데 큰 역할을 했다고 해도 과언이 아닐 것이다.

우리의 삶에 깊이 연관돼 있고, 중요한 가치들과 연결된 주제임에도, 이를 솔직하고 건강하게 논의하지 못하는 현실에 다소 안타까운 심정이 든다. 섹스에 대한 이러한 부끄러움이나 침묵의 문화는 오히려 성에 대한 잘못된 오해와 편견을 키울 뿐이다.

성과 윤리

우리는 무엇이 도덕적으로 옳거나 그르다고 할 때, 그것이 가지는 물질적 혹은 비물질적 속성이나 사회적 · 존재론적 지위 및 그것으로부터 발생할 수 있는 결과에 대한 예측 등을 도덕적 판단의 기준으로 삼는다. 도덕적 판단에 대한 이러한 경향성은 단순히 사물에만 그치는 것뿐만 아니라, 그 사물과 관련 있는 우리 행위의 옳고 그름을 결정하는 데에도 역시 매우 중요한 역할을 담당한다. 인간의 도덕적 판단에 대한 여러 기준 중 시대적 변화에 가장 민감하게, 그리고 빠르게 변화해 온 것이 바로 성과 관련된 것이라고 해도 부정할 사람은 많지 않을 것이다.

섹스는 인간의 존재 이유이자 한 세대가 다른 세대로 이어지게 되는 가장 원초적인 이유이기도 하다. 섹스가 전제돼야만 인간의 생물학적 진화를 비롯한 다양한 사회적 · 문화적 창조와 변화, 그리고 전승이 일어날 수 있다. 이러한 측면에서만 접근한다면, 섹스는 인간을 탄생하게 하고, 인간이 만들어 낸 사회적 · 문화적 산물들을 다음 세대로 전달할 수 있도록 하며, 정신적 · 육체적 쾌락마저 가져다주는 역할을 담당하고 있기 때문에, 본질적으로 부끄럽거나 그릇된 행위라고 단정하기 어렵다. 하지만 인류의 역사에서 섹스나 성 그 자체에 대한 사회적, 도덕적 판단은 매우 다양하며, 시대에 따라 그 판단 기준 역시 변화해 온 것이 사실이다(김태경, 2023, 230쪽). 섹스나 성 그 자체가 가진 본래적 성질이나 역할과 무관하게 어떠한 측면이 존재하기 때문에 사회적인 혹은 도덕적인 판단의 대상이 됐을까? 우리가 성에 대해 특정한 마음과 태도를 가지게 된다면 그것을 가능하게 한 요인은 무엇이었을까?

성윤리의 시작

신석기 혁명 이후, 재화에 대한 개인의 '소유' 개념이 생겨나면서, 소유자가 사망하면 그의 재산이 친자식에게 자연스럽게 상속되는 것이 당연시됐다. 이는 사회 구조의 변화와 함께 부부 관계와 적자의 존재가 재산 상속의 중요한 요소로 부각됐기 때문이다. 여러 명의 배우자가 존재하거나 배우자의 부정행위로 인해 재산이 잘못 전달되는 상황은 반드시 피해야 할 문제로 인식됐다(난젠 & 피카드, 2019, 23~24쪽).

이와 동시에, 인간은 생물학적으로 다른 동물과 달리 발정기나 번식기가 없기 때문에, 성욕을 적절히 제한하는 것이 사회적 충돌이나 질병 확산을 예방하는 데 중요한 역할을 하게 됐다.

따라서 섹스에 대한 금지 목록이나 규칙은 이러한 사회적 문제를 방지하고, 공동체를 보호하기 위한 필수적인 장치로 자리 잡았다. 이러한 규칙들이 체계화되면서 섹스에 대한 윤리가 형성됐고, 이는 인간 사회의 중요한 윤리적 기초가 됐다.

물론 체계화된 성 규칙들, 즉 성윤리로 인해 우리가 지금까지 성에 대해 이야기하기를 부끄러워하거나 꺼린다는 뜻은 아니다. 필자가 지적하고 싶은 것은 우리가 성스럽게 여기는 가치들과 섹스가 매우 밀접하게 관련이 있고, 섹스도 가치를 내재하고 있거나 섹스의 어떤 측면들은 이러한 가치들과는 양립이 불가능하다는 점이다. 대개의 성윤리는 우리 사회의 가치들과 양립 불가능한 섹스의 측면을 통제하고 규제하는 역할을 담당했다.

하지만 이러한 규제에도 불구하고, 인간의 성욕은 언

제나 규율에 의해 완벽히 통제되지는 않았다. 역사적으로 우리는 섹스 여신을 숭배하거나 섹스 테크닉을 교육하고 전파하는 책을 작성했으며, 피임약을 개발하고, 매음굴을 만들어 온 기록이 있다(같은 책, 24쪽). 이러한 사실들은 우리 사회가 지켜 내고자 하는 모종의 가치들과 양립 불가능한 것으로 보인다. 그렇다면 우리가 섹스에 대해 부끄러움을 갖거나 침묵하게 되는 것은 섹스가 지닌 긍정적 가치보다 부정적 측면을 먼저 떠올리게 돼서일지도 모르겠다.

이 책의 목적은 부정적 측면이 왜 도덕적으로 그른지를 입증하는 데 있지 않다. 오히려 현대 새로운 섹스 유형으로 등장한 AI 섹스로봇의 사례를 통해 섹스의 긍정적 측면과 더불어 부정적 측면(혹은 부정적 이미지)을 탐구하며, 우리가 성에 대해 가져온 가치판단의 기준이 건전하게 마련된 것인지를 비판적으로 검토하는 것이다.

성윤리의 중요성

성(性)과 관련된 주제는 우리의 일상에서 당황스럽고 부끄럽게 느껴질 수 있지만, 그 중요성은 결코 간과할 수 없다. 앞서 언급했다시피, 연인 간의 사랑이나 인간 신체의 아름다움, 감정의 교환과 공감은 인류가 지켜야 할 숭고한 가치로 여겨지며, 이러한 주제들은 최대한의 미사여구로 표현되고 자부심을 느끼게 한다. 섹스는 이러한 가치들과 밀접한 관계가 있으며, 우리는 이를 중요하게 다뤄야 한다. 성윤리의 형성과 발전은 인간 사회의 복잡한 역사적, 문화적 변화를 반영한다. 섹스와 관련된 도덕적 판단은 시간이 흐르면서 다양하게 변해 왔으며, 이는 사회가 가진 가치와 이상을 반영하는 중요한 척도가 돼 왔다. 그러나 성에 대한 윤리적 규제는 때때로 인간 본연의 욕구와 충돌하며, 이러한 갈등은 역사 속에서 다양한 형태로 나타났다. 예를 들어, 섹스에 관한 다양한 태도와 관습은 사회적 통합을 유지하고자 하는 노력과 함께, 개인의 욕망을 조절하려는 시도로 설명될 수 있다. 섹스는 단순한 생물학적 행위를 넘어, 문화와 종교, 그리고 법적 규범 속에서 복합적인 의미를 지니게 됐다. 이 책에서는 섹스로봇이라는 현대적 현상을 통해 성에 관한 우리의 가치판단이 어떻게 형성되고 있으며, 그것이 사회적 윤리와 어떻게 맞물려 있는지를 탐구한다. 이를 통해 우리는 성에 대한 긍정적 가치와 부정적 이미지를 보다 균형 있게 이해하고, 도덕적 판단의 기준을 재정립할 기회를 가질 수 있을 것이다. 이런 비판적 검토는 현대 사회에서 성에 대한 진정한 이해와 윤리적 접근 방식을 발전시키는 데 기여할 것이다.

참고문헌

김태경(2019). “섹스로봇(Sex robot)의 상용화가 갖는 윤리적 문제와 윤리적 정당성 확보에 대하여”. 《철학논총》, 95, 69~85쪽.

김태경(2020). “리얼돌과 섹스로봇의 상징성 문제”. 《과학철학》, 23(3), 61~86쪽.

김태경(2023). “전통적 성윤리에 기반한 섹스로봇에 대한 도덕적 가치판단은 정당한가?”. 《동서철학연구》, 107, 229~255쪽.

난젠 & 피카드(2019). 《에로틱 세계사》. 남기철 옮김. 오브제.

02
성윤리의 역사

21세기 이전까지 성에 대한 도덕적 판단의 기초를 형성했던 전통적 성윤리는 크게 세 가지 주요 입장으로 구분된다. 첫째, 보수주의적 입장은 결혼한 남녀가 자녀 출산을 목적으로 하는 성행위만을 도덕적으로 허용하며, 다른 형태의 성행위는 금기시한다. 둘째, 자유주의적 입장은 분별력과 책임 의식 있는 성인들 간의 동의를 기반으로 한 성행위가 도덕적으로 허용될 수 있다고 주장한다. 마지막으로, 중도주의적 입장은 남녀 간의 사랑을 전제로 한 성행위만이 도덕적 가치를 지닌다고 본다.

노래하는 AI 보컬?

전통적 성윤리

신석기 혁명에서부터 지금에 이르기까지 우리에게 성에 대한 도덕적 판단의 기초를 제공해 줬던 논의들을 살펴보면, 크게 세 가지 유형으로 구분될 수 있다.

첫째는 결혼한 남녀가 자녀 출산을 목적으로 하는 성행위만이 도덕적으로 허용될 수 있다는 입장이다. 이 입장은 흔히 보수주의적 입장이라고 불린다. 이 입장에 따르면, 미성년 간의 성행위나 미혼자들 간의 성행위, 동성 간의 성행위 및 혼외정사는 도덕적으로 금기시되는 성행위에 해당한다. 또한 결혼한 부부라고 하더라도 자녀 출산을 목적으로 하는 것이 아닌, 쾌락만을 위해 행하는 성행위 역시 도덕적으로 허용되지 않는 특징을 지닌다.

둘째로, 성에 대한 자유주의적 또는 계약론적 입장이라고 불리는 관점은 분별력과 책임감을 가진 성인들 사이에서 동의(consent)를 기반으로 한 성행위가 도덕적으로 허용될 수 있다고 주장한다. 이 관점은 보수주의적 시각에 비해 도덕적으로 인정할 수 있는 성행위의 범위가 훨씬 넓다. 보수주의가 결혼과 출산을 목적으로 한 성행위만을 도덕적으로 허용 가능한 것으로 보는 반면, 자유주의적 입장은 성행위가 이뤄질 때 자신과 상대방의 육체적 · 정신적 · 사회적 · 경제적 이득, 즉 이해관계와 목적을 명확히 파악하고, 양자 간의 합의된 동의를 바탕으로 한 '계약'의 개념으로 이해할 수 있는 합리적 존재들 간의 행위만을 도덕적으로 허용한다. 따라서 이러한 계약적 관계가 성립되지 않는 성행위는 도덕적으로 용납될 수 없다. 이로 인해 합리적 사고가 어려운 존재들, 예를 들어 지적 문제가 있는 성인이나 아직 성숙하지 않은 미성년자를 대상으로 하는 성적 행위, 그리고 계약적 관계를 무시한 성폭력 등은 도덕적으로 비난받아 마땅한 행위로 여겨진다(김태경, 2023, 233~234쪽).

마지막으로 소개할 입장은 중도주의적 관점으로, 이는 남녀 간의 사랑을 전제로 한 성행위만이 도덕적으로 허용될 수 있다고 주장한다(박찬구, 2012, 60~63쪽). 이 견해에 따르면, 사랑이 전제되지 않은 성행위는 그 형태가 무엇이든 간에 도덕적으로 정당화될 수 없다고 본다. 이러한 중도주의적 입장은 사랑의 유무를 성행위의 도덕적 판단에서 핵심 요소로 삼는다.

이 세 가지 입장을 전통적 성윤리라고 부르기로 하자. 이러한 전통적 성윤리는 우리의 성과 섹스에 대한 특정한 마음 태도를 갖게 되는 데 그 역할을 해 오고 있다. 전통적 성윤리는 특정한 도덕적 가치 판단을 바탕으로 인간의 성행위를 제한하는 것을 목표로 하며, 이는 인류의 다양한 문화적 · 사회적 배경 속에서 형성된 복합적인 윤리 체계임을 알 수 있다. 서로 각기 다른 기준을 제시하는 이 전통적 성윤리는 다음 절에서 더욱 깊이 있게 탐구될 것이다.

전통적 성윤리와 도덕적 성행위

전통적 성윤리는 왜 출산을 목적으로 하거나 사랑하는 사람들 사이에서만, 혹은 상호 간의 동의가 있을 때에만 성행위를 도덕적으로 옳다고 판단하는 것일까? 이러한 관점은 성행위를 인간에 의해 이뤄지는 남녀 간의 성기 결합(intercourse) 행위로 한정하는 데에서 출발하기 때문이다. 이는 성관계의 양상에서 남성과 여성을 분리하는 이분법적 사고에 뿌리를 두고 있으며, 이러한 사고는 성행위의 사회적 역할과 더불어 남녀 각각의 사회적 의미와 역할을 고정시키는 데 결정적인 영향을 미쳤다.

이러한 개념적 틀은 성행위를 단순히 남녀 간의 행위로 축소해 도덕적 규범의 대상으로 만들고, 각 사회의 도덕적 가치관에 따라 그 허용 여부를 판단하게 만들었다(박범혁, 2009, 134쪽). 이러한 전통적 성윤리는 오랜 역사 속에서 인간 사회의 도덕적 기준을 형성해 왔다.

따라서 섹스는 단순한 생리적 행위가 아니라, 인간의

사회적 관계와 위치, 그리고 목적을 반영하는 중요한 문화적 요소로서 중요한 역할을 담당하게 된다. 이러한 접근은 성에 대한 사회적, 윤리적 논의를 진행하는 데 중요한 토대를 제공한다.

도덕적 성행위와 '우리'

대부분의 윤리적 이론은 '우리'에 해당하는 존재들을 존중해야 한다는 기본 전제를 가지고 있다. 여기서 '우리'는 모든 사람을 포함하기보다는, 대개 합리적이고 적절한 사고 능력을 지닌 사람들을 지칭한다(Earp & Grunt-Mejer, 2021). 이러한 관점에서, 전통적 성윤리는 상황에 대한 적절한 판단 능력을 가진 '우리'에 속하는 구성원들 간의 출산, 동의, 또는 사랑이라는 조건하에 이뤄지는 성기의 결합을 도덕적으로 바람직하다고 판단해 온 것이다. 즉, '우리'의 개념과 앞서 언급된 조건들에 기초해 성행위의 도덕적 옳고 그름을 판단할 수 있게 된 것이다. 이러한 접근은 성행위를 단순한 생리적 행위로 보지 않고, 인간의 복잡한 사회적 관계와 윤리적 맥락 속에서 이해하려는 노력의 일환이라 할 수 있다.

전통적 성윤리가 제시한 기준에 따라 성행위의 옳고 그름은 판별될 수 있었는지 모르겠지만, 이를 따르는 모든 사람에게 그 기준이 만족스러웠는지는 확실하지 않다. 더구나 현대에 이르러서는 전통적 개념에 포함되지 않는 다양한 육체적 결합 행위뿐만 아니라, 성기 결합 없이 사물 등을 이용한 성기 행위도 넓은 의미에서 성행위의 개념에 포함되고 있다(Migotti & Wyatt, 2017). 중요한 점은, 전통적 성윤리가 이러한 행위들을 성적 행위로 인정하지 않는다고 단언하는 것은 아니다. 대신, 전통적 성윤리는 도덕적으로 허용 가능한 성행위의 유형이 존재한다는 것을 주장한다. 따라서 현대적 개념에 포함되는 행위들이 성적 행위로 간주될 수는 있지만, 그것이 반드시 도덕적으로 바람직한 성행위의 유형에 속하지는 않는다는 것이다. 이는 성윤리에 대한 현대적 접근이 성행위의 범위를 확장하고 있지만, 여전히 도덕적 판단의 기준에 대한 논의가 필요함을 시사한다.

올바른 성행위?

성행위에 대한 현대적 개념은 전통적 성윤리에 기반한 도덕적 가치판단을 더욱 복잡하게 만든다. 전통적 성윤리로는 다양한 유형의 성적 행위, 예를 들어 동성 간의 성행위, 구강성교, 그리고 자신의 신체나 사물을 이용한 자위행위 등에 대한 명확한 도덕적 판단을 내리기 어렵다. 또한 인격체로서의 지위나 동의, 출산 능력과 무관한 존재와의 성행위에 대해서도 전통적 성윤리는 침묵할 수밖에 없다.

더욱이 현대의 여러 연구와 과학적 조사들은 전통적 성윤리가 강조하는 '올바른' 성행위의 조건을 만족시키지 않는 성행위들도 개인에게 정신적 · 신체적 안정과 만족을 가져다준다는 사실을 밝혀내고 있다. 예를 들어, 자위행위는 전통적 성윤리가 도덕적으로 허용하지 않는 성행위로 간주되지만, 다양한 연구 사례들이 그 긍정적 효과를 입증하고 있다(여성신문, 2020; 한국건강관리협회, 2001; Rider et al., 2016). 이러한 연구 결과는 전통적 성윤리가 바람직하지 않다고 판단하는 성행위에 대해 그 근거를 합리적으로 설명하기 어렵다고 문제를 제기한다.

이러한 맥락에서, 우리에게 필요한 현대적 관점에서의 성윤리는 성행위에 대한 보다 포괄적이고 유연한 접근을 요구하고 있으며, 이는 성에 대한 전통적인 도덕적 판단의 기준을 재검토할 필요성을 시사한다. 이는 성행위가 단순히 도덕적 규율의 대상이 아니라, 인간의 복잡한 감정과 사회적 관계를 반영하는 중요한 요소임을 다시 한번 상기시킨다.

전통적 성윤리의 한계

전통적 성윤리가 제시하는 성 개념이나 가치판단만을 따르는 상황을 가정해 보자. 성행위의 대상이 인격체의 속성을 지니지 않거나, 이해관계를 통한 합의가 불가능한 존재일 수 있고, 또는 출산과 무관하며 사랑의 교감을 나눌 수 없는 존재일 수 있다. 이러한 상황에서 성행위의 주체가 정서적으로나 신체적으로 긍정적인 결과를 얻는다면, 우리는 이러한 행위에 대한 가치판단을 유보할 수밖에 없다. 만일 우리가 '최대 다수의 최대 행복을 지향하라'는 공리주의의 원칙을 받아들인다면, 오히려 이 경우는 도덕적으로 바람직한 행위에 해당한다. 즉 전통적 성윤리가 제안하는 바람직한 성행위에 부합하지 않는다고 해서 그것이 도덕적으로 바람직하지 않다고 단정할 근거가 부족하다는 뜻이다. 이러한 사례들은 성행위에 대한 도덕적 판단에 단순한 전통적 기준을 넘어서 보다 복잡한 윤리적 고려가 필요함을 시사한다. 이는 성윤리에 대한 우리의 접근이 보다 유연하고 포괄적일 필요성이 있음을 드러낸다.

리얼돌과 섹스로봇의 등장

불과 몇 년 전, 우리나라에서 리얼돌의 수입 및 판매, 그리고 AI의 발전으로 등장한 섹스로봇과의 성행위에 대한 논쟁이 첨예하게 벌어진 적이 있다(김태경, 2020). 그리고 이 논쟁은 여전히 진행 중이다. 이러한 논쟁은 전통적 성윤리가 전제하는 인간 간의 성기 결합 및 사회적·정서적 결합의 범주로서 다루기에 적합해 보이지 않는다. 즉 성행위를 시도하는 양자 간의 상호성이 전제되지 않는다는 점에서 전통적 개념과는 다른 새로운 유형의 성행위에 해당한다.

일부는 리얼돌이나 섹스로봇을 단순한 자위기구로 보며, 자위라는 행위가 AI 기술과 만나 진보된 것일 뿐 새로운 유형의 성행위로 보지 않는다. 반면, 리얼돌이나 섹스로봇이 인간을 형상화했기 때문에 인간의 선입견이나 가치관 같은 비물질적 속성이 그 안에 내재돼 있어 인간과 유사할 수밖에 없다고 주장하는 견해도 존재한다.

물론, 리얼돌이나 섹스로봇의 존재론적 지위에 대해 논하고자 하는 것은 이 책의 진정한 목적은 아니다. 대신, 리얼돌이나 섹스로봇이 어떠한 존재 지위를 가지든 간에, 인간과 성적으로, 즉 물리적으로 상호작용할 수 있지만 전통적 개념에서의 상호성이 존재하지 않는 대상과의 성행위에 대해 전통적 입장이 그 가치판단을 온전히 할 수 있는지를 논의하고자 한다. 이러한 새로운 기술과 발명품의 등장은 성에 대한 새로운 개념의 정립과 탐구 방법, 그리고 새로운 가치관의 수립이 요구되는 시점에 우리가 도달했음을 시사하기 때문이다.

현재 우리나라에서는 리얼돌의 수입, 제작, 판매에 대한 논쟁이 활발히 진행되고 있지만, 이보다 더 진보한 섹스로봇은 외국에서 이미 제작돼 판매되고 있으며, 관련 기술도 빠르게 발전하고 있다(김태경, 2019; 2020). 테슬라의 CEO인 일론 머스크 역시 2020년 이후 여러 트위터와 인터뷰를 통해 섹스로봇 제작 계획을 공개한 바 있다(Musk, 2022). 머스크나 데이비드 레비(David Levy)를 비롯한 몇몇 학자들은 섹스로봇과의 사랑과 성생활이 머지않아 현실이 될 것이라고 주장한다.

따라서 섹스로봇과의 성행위가 도덕적으로 허용 가능한지에 대한 논의는 여전히 중요한 과제로 남아 있으며, 이는 전통적 성윤리의 범주를 넘어선 새로운 윤리적 접근과 가치관의 정립을 요구하고 있다. 이러한 논의는 우리가 미래의 성적 관계를 어떻게 이해하고 정의할 것인지에 대한 중요한 물음을 던지게 될 것이다.

전통적 성윤리: 낡은 개념틀?

리얼돌과 섹스로봇은 그 외형적 특성과 기능적 특징이

인간을 닮아 있기 때문에 종종 같은 선상에서 논의된다(중앙일보 VOICE, 2022). 이러한 논의는 이 글의 주된 주제와 깊은 연관이 있다. 바로 전통적 성윤리가 포섭하지 못하는 존재와의 성관계가 도덕적으로 허용 가능한지에 대한 논의다. 즉 행위 주체가 감정적 · 육체적 만족을 느끼면서도 물리적 상호작용이 이뤄지지만, 전통적 개념의 '우리' 안에 속하지 않는 존재들과의 성관계를 어떻게 바라봐야 할 것인지에 관한 것이다.

전통적 성윤리에서 '인간', '성', 그리고 '섹스'의 개념은 현대의 개념들과 다르기 때문에, 이러한 소재가 전통적 성윤리의 논의 대상이 아니라고 여길 수도 있다. 그러나 필자는 현대에 이르러 섹스로봇과의 관계를 전통적 성윤리와 함께 논의해야 하는 이유가 있다고 본다. 전통적 성윤리가 기반하고 있는 인간과 성에 대한 개념은 오랜 역사를 가지고 있으며, 현대 우리에게 여전히 개념적 틀로 작동하고 있기 때문이다. 그러나 우리가 여전히 그 개념에 대한 명확한 근거를 가지고 있는지는 아직 확실하지 않다.

보다 중요한 것은 AI의 발달로 인해 등장한 섹스로봇이 인간과 성에 대한 기존의 개념적 틀을 재검토하고 변화시킬 필요성을 제기한다는 점이다. 이는 우리가 새로운 시대에 맞는 성에 대한 이해와 윤리적 기준을 다시 세워야 할 시점에 도달했음을 의미한다.

참고문헌

김태경(2019). "섹스로봇(Sex robot)의 상용화가 갖는 윤리적 문제와 윤리적 정당성 확보에 대하여". 《철학논총》, 95, 69~85쪽.

김태경(2020). "리얼돌과 섹스로봇의 상징성 문제". 《과학철학》, 23(3), 61~86쪽.

김태경(2023). "전통적 성윤리에 기반한 섹스로봇에 대한 도덕적 가치판단은 정당한가?". 《동서철학연구》, 107, 229~255쪽.

박범혁 외(2009). 《성과 윤리》. 동문사.

박찬구(2012). 《우리들의 응용윤리학》. 울력.

여성신문(2020.7.4). "자위가 몸에 나쁘다? … 자위에 대한 오해와 진실 5가지". http://www.womennews.co.kr/news/articleView.html?idxno=200469

한국건강관리협회(2001). "자위와 조루". 《건강소식》, 25(1), 24~25쪽.

Earp, B. & Grunt-Mejer, K.(2021). Robots and sexual ethics. *Journal of Medical Ethics, 47*, pp.1~2. http://dx.doi.org/10.1136/medethics-2020-107153

Migotti, M. & Wyatt, N.(2017). On the Very Idea of Sex with Robots. In Danaher, J. & McArthur, N.(eds.). *Robot Sex: Social and Ethical Implications*, pp.15~27. MIT Press

Musk, E.(2022). Elon Musk: A future worth getting excited about(Tesla Texas Gigafactory interview). TED. https://www.youtube.com/watch?v=YRvf00NooN8

Rider, J. R. et al.(2016). Ejaculation Frequency and Risk of Prostate Cancer: Updated Results with an Additional Decade of Follow-up. *European Urology, 70*(6), pp.974~982. https://doi.org/10.1016/j.eururo.2016.03.027

03
다양한 유형의 섹스와 전통적 성윤리의 한계

"도덕적으로 옳은 성행위란 무엇인가?"라는 질문에 대한 전통적 윤리관의 답변은 성행위의 기능적 측면, 사회 제도적 측면, 그리고 행위자의 감정과 같은 내적 상태를 기반으로 한다. 그러나 이러한 전통적 이해는 AI 로봇과 같은 새로운 대상과의 성행위에 대한 도덕적 판단에 충분한 역할을 하기 어렵다는 문제가 있다. 현대의 다양한 성행위의 유형들은 이전의 성 개념을 초월한 것으로서, 기존의 윤리적 틀로는 그 복잡성을 완전히 포착하기 어려운 새로운 도전을 제기한다.

인공지능과 편향?

성에 대한 보편적 이해

간략하게 살펴본 전통적 성윤리를 정리하자면, 이는 "도덕적으로 허용되는 성행위란 무엇인가?"라는 질문에 답하기 위한 제한된 논증으로 볼 수 있다.

이 질문에 답하기 위해 제시된 논증들은 성행위의 기능적 측면, 사회 제도적 측면, 또는 행위자의 감정과 같은 내적 상태를 기반으로 한다. 이러한 논증의 배경에는 인간과 성(性)에 대한 보편화된 개념적 이해가 자리하고 있다. 성행위는 단순히 육체적 활동에 그치지 않으며, 행위자의 정서적 · 신체적 · 사회적 배경과 그로부터 예측되는 결과까지 포함하는 복합적인 행위로 간주된다.

이 때문에 인간의 성행위는 개념적으로 신체 활동뿐만 아니라 인간의 정서, 사회적 권리와 의무까지 포함하는 것으로 이해돼 왔다. 전통적 성윤리는 성행위를 인간과 인간의 육체적 결합뿐만 아니라 사회 안에서의 비물질적 속성이 결합된 것으로 개념화한다. 이러한 개념을 바탕으로 도덕적으로 허용될 수 있는 성행위의 유형은 인간의 본질, 생물학적 특징, 그리고 개인과 사회의 상호작용을 통한 사회문화적 관계망에 내재된 특수한 성격을 기반으로 결정된다(김대용, 2004).

이러한 전통적 성윤리는 성행위가 단순한 생물학적

행위가 아니라, 인간의 복잡한 감정과 사회적 관계를 반영하는 중요한 문화적 요소임을 강조하며, 성에 대한 도덕적 판단의 기준을 제공해 왔다.

전통적 성윤리가 오랫동안 우리의 판단의 기준으로 작동해 온 이유는 간단하다. 19세기 전까지 서구 사회는 종교적 영향 아래 성적 표현이나 행위를 억압하거나 금기시하는 경향이 강했고, 이러한 경향 때문에 성에 대한 연구가 독립적인 학문으로 발전하지 못했기 때문이다. 그러나 19세기 말에서 20세기 초에 이르러서야 프로이트의 성이론이나 킨제이의 연구와 같은 과학적 접근이 성에 대한 새로운 이해를 시도했다(박범혁 외, 2009).

이 장에서는 20세기 이전까지(혹은 성에 대한 과학적 접근이 이미 시도된 현재까지도) 오랜 시간 동안 도덕적으로 허용될 수 있는 성행위의 기준을 제시해 온 세 가지 대표적인 성윤리를 현대 사회에 적용할 수 있는지 비판적으로 검토한다. 이 세 가지 성윤리는 각각 독립된 입장을 주장하기보다는, 먼저 제시된 이론의 한계와 문제점을 지적하고 이를 극복할 새로운 대안을 제시하는 방식으로 논의를 전개한다.

특히, 우리는 이 장에서 전통적 성윤리가 논의하는 방식과 유사하게, 각각의 논증이 현재 쟁점이 되고 있는 섹스로봇과의 성행위에 대해 어떤 한계와 문제점을 지니고 있는지도 검토할 것이다. 이를 통해 현대 사회에서 성윤리가 직면한 도전과 그에 대한 새로운 접근 방안을 모색하고자 한다.

성(性)에 대한 보수주의적 입장

보수주의적 성윤리는 주로 유대-기독교적 사고관에 뿌리를 두고 있다. 이 관점에 따르면, 도덕적으로 허용되는 성행위는 결혼한 부부가 출산을 목적으로 하는 성행위다. 아퀴나스는 사정(ejaculation)이 자녀를 만드는 일로 이어져야 하며, 다음 세대와의 연결이 결여된 사정 행위는 도덕적으로 옳지 않은 성행위로 규정했다(레이몽 벨리오티, 2000; 김대용, 2004). 또한 신의 섭리나 자연의 의도에 어긋나는 성행위는 가정과 사회를 궁극적으로 파괴할 수 있다고도 주장했다(최문기, 2003).

보수주의적 입장은 인간의 성행위를 단순한 생식 행위로만 보지 않고, 그 행위에 내재된 의미와 목적을 통해 도덕적 정당성을 판단한다. 이러한 의미와 목적은 유대-기독교적 사고관에 기반한 인간의 존재와 목적에 의해 규정된다. 아퀴나스는 "인간의 행위가 우리가 가진 본성과 우리의 존재 목적과 일치할 때만 그 행위가 도덕적으로 적절하다"라고 주장하며(Mappes & Zembat, 1987, 190~191쪽; 최문기, 2003, 23쪽), 인간의 성행위는 종족의 번식을 목적으로 해야 하고, 이는 결혼이라는 제도 안에서만 가능하다고 봤다.

따라서 결혼이라는 틀 안에서 번식을 목적으로 하지 않는 성행위는 도덕적으로 허용되지 않는다. 정상적인 부부 관계가 아닌 상태에서 이뤄지는 성기의 결합이나, 성기의 결합 없이 쾌락만을 목적으로 이뤄지는 행위들은 인간의 본성과 존재 목적에 부합하지 않는다고 보는 것이다. 이러한 보수주의적 관점은 성행위를 생식과 결혼이라는 제도적 틀 안에서 바라보며, 인간의 본성과 존재 목적을 강조하는 윤리적 기준을 제시한다. 이는 인간의 성행위를 보다 넓은 문화적 · 종교적 맥락에서 이해하려는 시도이며, 사회적 안정과 도덕적 질서를 유지하기 위한 틀이 돼 왔다.

이러한 견해는 사회를 구성하며 살아가는 인간에게 필요한 윤리적 태도와, 인간과 동물의 생물학적 차이를 반영한다. 인간의 성욕은 동물과는 다르게 자연의 메커니즘에 의해 자동적으로 조절되지 않는다. 인간은 자연의 일부로서 살아가는 대신, 사회 속에서 능동적으로 판단하고 행위하는 존재로서, 자신의 성욕을 조절할 수 있는 능력을 가져야만 한다. 이는 인간이 동물처럼 특정 시기에만 성욕이 발생하는 것이 아니기 때문에, 사회적 질서를 유지하기 위해 성욕을 적절히 제한할 필요가 있음을 의미한다.

결국 이러한 보수주의적 성윤리는 인간이 가정이라는 사회의 최소 단위 안에서, 합법적이고 공적인 영역 내에서 성욕을 충족하도록 제한하는 방식을 제시한다(박찬구, 2020). 이는 성욕이 무분별하게 표출될 경우 도덕적 혼란, 범죄, 질병의 확산 등 사회에 심각한 악영향을 미칠 수 있기 때문이다. 이러한 제한은 사회적 안정과 질서를 유지하기 위한 중요한 윤리적 틀로 작동해 왔다.

보수주의적 입장의 문제

현대에 이르러서는 과거와 달리 자녀 출산을 목적으로 하지 않는 사정 행위를 부정적으로 보는 사람은 많지 않다. 즉 현대의 사람들은 인간의 본성이나 존재 목적과 무관한 성행위를 그릇된 행위로 판단하지 않는다. 심지어 비뇨의학계에서는 자위 등을 통해 정액을 주기적으로 배출하는 행위가 오히려 남성의 전립선 건강에 좋다고 알려져 있다(의학신문, 2005). 또한 부부의 친밀감과 건강을 증진하는 방법으로 자녀 출산 목적이 아닌 오르가

즘을 추구하는 성행위도 오히려 권장되는 편이다(박천진, 2003, 110쪽). 이러한 현대적 관점에서 보면, 자녀 출산을 목적으로 하지 않는 사정 행위가 사회적 안정이나 도덕적 질서의 유지와 양립하기 어렵다는 주장은 합리적으로 받아들이기 어렵다.

더욱이 신의 섭리와 같은 종교적 계율은 일반적으로 인간의 이성적 사유로 파악하기 어렵기 때문에, 왜 그러한 입장을 받아들여야 하는지에 대한 합리적 설명이 부족하다. 물론 라이프니츠와 같은 철학자들은 인간의 이성을 통해 찾아낸 '좋음'이 신의 선택과 동일할 수밖에 없다고 주장하기도 한다(서양근대철학회, 2010, 163~174쪽). 그러나 인간의 이성을 통한 사유가 반드시 신의 사유와 일치할 이유는 없으며, 신이 이성적 존재라는 근거도 충분히 설명되지 않는다. 더구나 출산을 목적으로 하는 섹스만이 '좋음'이라는 주장은 현대의 과학적 연구에 비춰 볼 때 받아들이기 어렵다.

이처럼, 현대 사회에서는 성행위에 대한 전통적 윤리관이 제시하는 기준이 과학적 발견과 사회적 변화에 부합하지 않을 수 있다. 이는 성윤리에 대한 새로운 접근과 이해가 필요함을 뜻하며, 성행위를 보다 포괄적이고 다층적으로 이해할 필요성이 있음을 함축한다.

성(性)에 대한 자유주의적 입장

사랑을 도덕적 성행위의 전제조건으로 보는 자유주의적 입장은 '쾌락주의적 입장'이라고도 불린다. 이 자유주의적 관점은 보수주의적 입장에 비해 도덕적으로 허용될 수 있는 성행위의 범위가 훨씬 넓다. 여기서 허용되는 성행위는 결혼한 남녀가 출산을 목적으로 하는 성행위에 국한되지 않고, 분별력과 책임 의식을 지닌 성인들 사이의 모든 성행위를 포함한다(박찬구, 2012, 60~63쪽).

자유주의적 입장이 결혼보다는 사랑에 주목하는 이유는 보수주의적 입장과 유사한 측면이 있다. 인간의 성행위는 단순한 생식의 차원을 넘어 인격적 차원을 포함하고 있기 때문이다. 즉 성행위는 단순히 성기의 결합을 의미하는 것이 아니라, 다른 인격체와 하나가 되고자 하는 욕구를 실현하는 행위다. 인간의 성행위에는 신체적·정서적·정신적으로 합일하고자 하는 욕구, 즉 하나의 삶을 공유하고자 하는 욕구가 자리 잡고 있으며, 이러한 욕구의 대상이 바로 사랑인 것이다(류지한, 2002, 29쪽).

인격체로서의 성행위는 본질적으로 사랑과 밀접한 관련이 있다고 할 수 있다. 섹스로봇 반대 운동을 전개하는 캐슬린 리처드슨(Kathleen Richardson)은 인격체의 성행위는 사랑과 분리될 수 없다고 주장하며, 섹스로봇과 같이 인격체가 아닌 존재와의 성행위나 사랑이 전제되지 않는 성행위는 비도덕적이라고 본다(Richardson, 2016). 이러한 입장은 성행위를 단순한 육체적 행위로 보지 않고, 인간관계와 감정을 중요시하는 윤리적 기준을 제시한다.

자유주의적 입장의 문제

인간과 인간의 상호작용에서 사랑과 친밀성은 매우 중요하며, 인간 인격의 핵심적인 측면을 이루지만, 그것이 항상 인간 행위의 기본 조건이 돼야 하는지는 명확하지 않다. 우리는 사랑과 친밀성을 동반하지 않고도 충분히 도덕적으로 가치 있는 행위를 수행할 수 있으며, 때로는 관계의 유지나 개선을 위해 사랑과 친밀성이 근본적 이유가 되지 않더라도 성행위를 할 수 있다. 과거 국가 간의 우호를 다지기 위해 국가 간 왕족들을 결혼시킨 사례나 가문의 이해관계에 따라 정략결혼을 하는 사례를 봐도 그렇다. 또한 사랑과 친밀성이 없는 성행위가 개인의 인격을 반드시 피폐하게 만드는 것도 아니다(피터 싱어/김성한 외, 2005, 116~117쪽).

정리하자면, 사랑이 전제되지 않은 성행위가 도덕적으로 허용될 수 없다는 결론이 반드시 도출되지는 않다는 것이다. 성욕이 발생할 때, 우리는 이러한 욕구를 발생시키기 위해 특정 대상에 대한 사랑의 감정을 가져야만 한다는 도덕적 요구 또한 받지 않는다. 이는 성욕이 본질적으로 사랑이라는 감정을 통해 발생하는 것은 아니라는 것을 보여 준다. 따라서 사랑과 친밀성의 조건이 도덕적 성행위의 전제조건이 된다는 주장은 인간의 자연적 본성과도 거리가 있는 주장이다. 벨리오티(Belliotti, R.)는 사랑과 친밀성을 강조하는 주장들이 인간의 본성에 대한 객관적 분석에 기반하지 않고, 누군가의 주관적 견해에 따라 규정된 것이라고 비판한다(같은 글).

사랑과 친밀성이 동반되지 않더라도, 쾌락의 상승이라는 실질적이고 가치 있는 목적이 고려될 수 있다면, 사랑과 친밀성만이 도덕적 성행위의 전제조건이 될 수는 없다. 이는 성행위에 대한 도덕적 판단이 사랑이라는 기준보다 다양하고 포괄적인 기준에 기반해야 함을 뜻한다.

성(性)에 대한 계약론적 입장과 그 한계

계약론적 입장에서 성행위의 도덕성을 결정하는 가장 중요한 요소는 행위자의 '동의' 여부다(Earp & Grunt-

Mejer, 2021, 1쪽). 동의가 없는 성행위는 어떤 상황에서도 도덕적으로 옳지 않다. 이 입장에 따르면, 결혼이나 사랑이 전제되지 않더라도, 당사자들 간의 명확한 합의로 이뤄진 성행위는 도덕적으로 문제가 되지 않는다고 본다.

계약론적 입장은 인간에게 어떤 행위가 가장 적절한지에 대한 질문에 답하기 위해 등장했으며, 이는 인간의 본성에 대한 객관적 분석이 부족한 기존의 성윤리에 대한 반박으로 제기된 것이다. 이 입장은 행위자 간의 자발적이고 숙지된 동의의 중요성을 강조하며, 성적 다양성에 대한 관용을 포함하는 것으로도 인식된다(피터 싱어, 2005, 118~119쪽).

이러한 접근은 성행위의 도덕적 판단을 보다 개인의 자율성과 합의에 기반하도록 하며, 다양한 성적 표현을 존중하고 수용하는 사회적 태도를 촉진한다. 이는 다른 유형의 성윤리가 미처 포괄하지 못한 현대적 성관계의 복잡성을 반영하고, 성행위에 대한 보다 열린 논의를 가능하게 하는 이점이 있다.

그러나 계약론적 관점은 계약의 영역에서 발생할 수 있는 다양한 비윤리적 문제들을 충분히 고려하지 못하고 있다는 평가를 받기도 한다. 실제로 모든 계약 상황에서 계약자들이 서로 동등한 입장에 있지 않을 수 있으며, 계약이 성립됐다고 해서 그것이 반드시 정당하게 이뤄졌다는 보장은 없다(김태경, 2023, 237~238쪽). 또한 이 관점은 인격체들의 행위를 마치 시장에서 물건을 교환하는 행위로 인식할 위험성 역시 내포하고 있다.

계약론적 입장에서 섹스를 정당화하기 위해서는 각각의 행위자가 합리적 사유 능력과 자율적 행위 능력, 즉 인격을 구성하는 요소들을 갖춰야 한다. 그러나 우리는 이러한 인격적 요소를 물물교환의 대상으로 인식하지 않는다. 실제로 안티 섹스로봇 캠페인을 벌이고 있는 리처드슨과 리얼돌과 같은 성 도구의 사용을 반대하는 윤지영은 이러한 이유로 섹스로봇의 사용이 매춘과 마찬가지로 사람을 사물로 인식하게 만들고, 결과적으로 인격체의 훼손으로 이어질 수 있다고 주장한다(Richardson, 2016; 윤지영, 2020; 김태경, 2020, 67~68쪽).

따라서 강제, 기만, 협박에 의한 계약뿐만 아니라, 자발적 동의가 이뤄졌다고 하더라도 그것이 반드시 도덕적인 행위라고는 할 수 없다. 이는 계약론적 관점이 성행위의 도덕성을 판단하는 데 충분하지 않을 수 있음을 의미하며, 성행위에 대한 보다 다층적인 윤리적 접근이 필요함이 강조되는 것이라 볼 수 있다.

전통적 성윤리의 특징

지금까지 살펴본 전통적 성윤리는 성과 성행위의 본질적 특성이나 역할과 무관하게, 주로 종교적 차원에서의 인간의 존재 목적이나 성의 인격적 측면을 근거로 성행위를 제한해 왔다. 중요한 점은, 이러한 서로 다른 유형의 성윤리가 각기 다른 근거를 가지고 있더라도 공통적으로 '성행위'가 누구에 의해, 어떻게 이뤄지느냐에 집중한다는 것이다. 이들 성윤리는 생물학적 '인간'이 가진 비물질적 속성－목적, 합리적 사유 능력, 감정의 교류 능력 등－에 기반해 이뤄지는 성행위만을 도덕적으로 옳다고 주장한다. 즉, 인간을 '인격체(person)'로 지칭할 때 부여되는 비물질적 속성이 성행위에서 상호작용할 수 있는 것으로 전제하고, 그 도덕성을 평가하는 것이다(김태경, 2023, 238～240쪽).

이러한 특징 때문에, 전통적 성윤리는 다양한 성적 행위－동성 간의 성행위, 구강성교, 자위행위 등－가 더 많은 쾌락이나 사회적 이익을 가져다준다 하더라도 이를 부정적으로 판단할 수밖에 없다. 또한 인격체, 동의, 출산과 무관한 존재와의 성행위에 대해서는 전적으로 침묵할 수밖에 없는 한계를 가진다.

그러나 만약 전통적 성윤리에 입각해 이러한 조건에

해당하지 않는 모든 성행위를 비도덕적으로 간주한다면, 전통적 성윤리가 제 역할을 하지 못한다는 것은 매우 쉽게 반박될 수 있다. 그리고 우리가 이러한 주장을 받아들인다면, 현대의 다양한 성행위 문제가 윤리적 차원에서 논의될 여지는 없다. 하지만 현대 사회는 동성애, 자위, 구강성교, 청소년 섹스, 혼전 섹스, 항문성교, 피임 도구의 사용 등 다양한 성행위를 수용하고 있으며, 이러한 성행위를 모두 비도덕적으로 간주하는 것은 실천적 차원에서도 공감을 얻기 어렵다. 이는 성에 대한 윤리적 논의가 현대의 복잡한 사회적 현실과 맞닿아야 할 필요성이 있음을 의미하며, 전통적 성윤리를 넘어서는 새로운 접근과 이해가 필요함을 시사한다.

정리하자면, 전통적 성윤리의 관점에서는 인격체의 속성으로 평가되는 요소들, 예를 들어 합리적 사유 능력이나 사랑과 같은 감정의 교류 능력 혹은 신성한 목적 등이 상호작용하지 않는 성행위는 도덕적으로 정당한 성행위의 유형에 해당되지 않는다. 그러나 현대의 여러 과학적 연구 결과들은 전통적 성윤리가 강조하는 '올바른 성행위'의 조건을 만족시키지 않는 성행위가 개인에게 정서적 · 신체적 안정과 만족을 가져다줄 수 있다는 사실을 보여 준다. 예를 들어, 자위행위는 전통적 성윤리가 도덕적으로 허용하지 않는 성행위로 간주되지만, 그 긍정적 효과에 대한 다양한 연구 사례들이 존재한다(여성신문, 2020; 한국건강관리협회, 2001; Rider et al., 2016).

따라서 전통적 성윤리가 이러한 조건에 부합하지 않는 성행위를 바람직하지 않다고 할 때, 그 바람직하지 않음의 근거를 합리적으로 설명하기 어려운 문제가 있다. 특히 성행위의 대상이 분명히 존재하지만 인격체의 속성을 지니지 않거나, 출산과 무관하며 사랑의 교감을 나눌 수 없는 경우, 또는 자신의 이익을 고려해 합의할 능력이 없는 경우에는 이러한 존재를 대상으로 한 성행위가 인격체의 존재를 훼손하지 않으면서 행위의 주체에게 긍정적 결과를 가져올 수 있다.

이러한 상황에서 우리는 전통적 성윤리가 제안하는 바람직한 성행위의 유형에 해당하지 않는다고 해서 그 행위가 본질적으로 바람직하지 않다고 단정하기 어렵다. 이는 성행위의 도덕적 판단이 보다 복합적이고 다층적인 관점에서 이뤄져야 함을 시사하며, 현대 사회에서 성윤리에 대한 새로운 접근과 이해가 필요함을 강조한다.

참고문헌

김대용(2004). “도덕 교과서에 나타난 성 윤리의 문제”. 《현상과 인식》, 28(1), 162~185쪽.

김태경(2020). “리얼돌과 섹스로봇의 상징성 문제”. 《과학철학》, 23(3), 61~86쪽.

김태경(2023). “전통적 성윤리에 기반한 섹스로봇에 대한 도덕적 가치판단은 정당한가?”. 《동서철학연구》, 107, 229~255쪽.

류지한(2002). 《성윤리》. 울력.

레이몽 벨리오티(2000). 《좋은 섹스란 무엇인가》. 구승회 옮김. 민음사.

박범혁 외(2009). 《성과 윤리》. 동문사.

박찬구(2012). 《우리들의 응용윤리학》. 울력.

박찬구(2020). 《생활속의 응용윤리》. 세창출판사.

박천진(2003). “섹스는 건강 코드와 일치한다”. 《과학과 기술》, 36(5), 110쪽.

서양근대철학회(2010). 《서양근대윤리학》. 창비.

여성신문(2020.7.4). “자위가 몸에 나쁘다? … 자위에 대한 오해와 진실 5가지”. http://www.womennews.co.kr/news/articleView.html?idxno=200469

윤지영(2020). “리얼돌, 지배의 에로티시즘”. 《문화와 사회》, 28(1), 7~68쪽.

의학신문(2005.12.2). “자위행위는 인체에 유해한가?”. http://www.bosa.co.kr/news/articleView.html?idxno=2009276

최문기(2003). “성 윤리의 논변 비교”. 《윤리 연구》, 52, 19~39쪽.

피터 싱어(2005). 《응용윤리》. 김성한·소병철 옮김. 철학과현실사.

한국건강관리협회(2001). “자위와 조루”. 《건강소식》, 25(1),

24~25쪽.

Earp, B. & Grunt-Mejer, K.(2021). Robots and sexual ethics. *Journal of Medical Ethics, 47*, pp.1~2. http://dx.doi.org/10.1136/medethics-2020-107153

Mappes, T. & Zembat, J.(1987). *Social Ethics*. McGraw-Hill Book Company.

Richardson, K.(2016). Robots and ethics: the future of sex. TEDx Talks. https://www.youtube.com/watch?v=YaMiH93-iPE

Richardson, K.(2016). The Asymmetrical 'Relationship'. *ACM SIGCAS Computers and Society, 45*(3), pp.290~293.

Rider, J. R. et al.(2016). Ejaculation Frequency and Risk of Prostate Cancer: Updated Results with an Additional Decade of Follow-up. *European Urology, 70*(6), pp.974~982. https://doi.org/10.1016/j.eururo.2016.03.027

04
섹스로봇의 등장과 전통적 성윤리

전통적 성윤리는 '행위(act)'와 '행위자(agent)'의 개념에 기초하고 있으며, 이는 현대의 AI 섹스로봇 문제에서 여러 한계점을 드러낸다. 또한 전통적 성윤리는 인간 간의 상호작용에서 도덕적 판단의 기준을 제공하는 데 주로 초점을 맞추고 있다. 그러나 섹스로봇과 같은 성적 인공물과의 성행위는 이러한 전통적 기준으로는 평가하기 어렵다.

청각장애인과 AI?

전통적 성윤리와 섹스로봇

앞서 살펴본 바에 따르면, 전통적 성윤리는 인격체 간의 상호작용을 전제로 하고 있기 때문에, 인간이 아닌 AI와의 성행위에 대한 명확한 도덕적 판단을 내리기에는 한계가 있다. 즉 성행위의 당사자들이 상호 인격체인 상태에서 출산, 사랑, 동의가 전제되지 않는 경우, 도덕적으로 옳지 않은 성행위라고 판단하는 것이다. 생물학적 존재이자 인격체로서의 인간은 출산이라는 목적을 제외하고 다른 유형의 성욕을 조절할 수 있거나, 사랑하지 않는 대상과의 성관계 역시 스스로 제한할 수 있거나, 상호 동의가 마련되지 않은 상태에서 역시 성욕을 제한해야만 하기 때문이다. 다시 말해, 물리적 결합과 동시에 인격의 상호성이 전제되는 경우에 한해서만 도덕적으로 옳고 그름을 평가할 수 있게 되는 것이다. 하지만 섹스로봇의 경우는 이와 다르다. 이는 섹스로봇이 인간과 같은 인격체로 간주되지 않기 때문이며, 인격체가 아닌 대상과의 성행위는 전통적 성윤리에서 제시하는 인격의 상호성을 전제하지 못한다. 따라서 전통적 성윤리가 제공하는 기준은 이러한 새로운 유형의 성행위를 평가하는 데 충분하지 않다.

우리는 전통적 성윤리가 섹스로봇과 같은 성적 인공

물과의 성행위에 대해 명확한 도덕적 기준을 제시할 수 없음을 인식해야 한다. 이를 바탕으로, 성에 대한 우리의 도덕적 판단이 가지는 특징과 한계를 가늠해 보고, 현대 사회의 복잡한 성 관련 문제를 보다 포괄적이고 현대적인 윤리적 틀에서 재검토할 필요가 있다. 이러한 논의는 성윤리에 대한 새로운 접근과 이해를 모색하는 데 중요한 출발점이 될 것이다.

인격체의 개념과 섹스로봇

필자가 앞선 절에서 논의했던 성윤리에 대한 논의를 토대로 섹스로봇과의 성행위를 살펴보면 크게 세 가지 관점이 존재할 수 있음을 확인할 수 있다. 첫째, 전통적인 관점에서 섹스로봇은 인간이 아니기 때문에, 즉 인격체의 속성을 지니지 않기 때문에, 섹스로봇의 개발과 사용은 도덕적으로 평가할 수 있는 성행위의 범주에 속하지 않는다. 이는 양자 간의 상호성이 존재하지 않는다는 이유만으로 비도덕적이라고 판단하기에는 충분하지 않기 때문이다. 따라서 섹스로봇과의 성행위에 대한 도덕적 옳고 그름을 논하기 어렵다.

둘째, 비록 섹스로봇이 인간은 아니지만, 섹스로봇을 대상으로 이뤄지는 행위가, 예를 들어 성행위의 대상을 쾌락의 도구로만 간주하는 등의 행위 등은 인간 사회에서도 도덕적으로 비난받을 수 있는 성격을 띨 수 있다. 이러한 이유로, 섹스로봇과의 성행위는 제한되거나 막아야 한다는 주장이 제기될 수 있다.

마지막으로, 섹스로봇의 개발과 사용이 특정인들에게 긍정적인 결과를 초래할 가능성이 높기 때문에 이에 대한 규제가 지나치다고 보는 견해도 있다. 이 관점은 섹스로봇이 개인의 정서적 안정이나 사회적 문제 해결에 기여할 수 있을 것이라는 기대를 반영한다.

이 세 가지 관점은 각각 섹스로봇과의 성행위에 대한 도덕적 평가가 어떻게 다양하게 이뤄질 수 있는지를 보여 주며, 현대 사회에서 성윤리의 복합성을 반영하고 있다.

먼저, 첫 번째와 세 번째 관점은 섹스로봇이 도덕적 주체도 객체도 아닌 단순한 기계에 불과하며, 어떠한 유형의 권리도 지니지 않기 때문에 그들에게 행해지는 모든 행위는 도덕적, 법적 위해에 해당하지 않는다는 사고에 기반하고 있다(Sterri & Earp, 2021, 241쪽). 이러한 관점에서 보면, 섹스로봇과의 성행위는 AI의 발달로 인해 전통적인 성행위의 범주에 포함되지 않는 새로운 유형의 성행위를 어떻게 받아들일 것인지에 대한 문제를 함축하고 있다.

반면, 두 번째 관점은 섹스로봇의 개발과 사용이 도덕적 주체인 인간에게 비도덕적 행위를 실현하게 해 주는 도구가 될 수 있음을 강조한다(윤지영, 2020; Richardson, 2016). 이 관점은 섹스로봇이 인격적 속성을 지니지 않더라도, 그러한 행위를 통해 사람이 인격을 지닌 존재를 함부로 대할 수 있는 가능성을 지니고 있기 때문에 이를 허용해서는 안 된다는 입장을 반영한다. 이 입장을 지지하는 사람들은 인간 사이의 성행위와 인간과 섹스로봇 사이의 성행위가 유사한 측면이 있음을 강조하며, 섹스로봇이 남성의 절제되지 않은 비도덕적 욕망을 구체화하고 실현하는 장치라고 주장한다. 이들은 섹스로봇이 돈과 같은 권력을 이용해 행위자의 욕구를 충족하고, 그 대상을 도구화하는 매춘과 유사한 측면이 있음을 강조한다. 따라서 대상이 사물이라 하더라도 그러한 행위가 본질적으로 비도덕적이므로 이를 허용해서는 안 된다고 주장한다.

이 장에서는 각각의 관점을 검토하며, 특히 섹스로봇의 사용이 '성행위'의 조건을 만족시키지 못하기 때문에 두 번째 관점이 첫 번째와 세 번째 관점에 비해 설득력이 약하다는 논의를 진행할 것이다. 이러한 논의의 목적은 섹스로봇 문제에서 전통적 성윤리가 무력하다는 점을 지적하기 위해서가 아니라, 오히려 현대의 가치판단 중 일부가 여전히 전통적 성윤리에 기반하거나 이로부터 제공받은 특정 개념에 의존하고 있을 수 있음을 드러내기 위함이다.

만약 현대 사회의 섹스로봇 개발과 사용에 대한 옳고 그름이 전통적 성윤리에 기반하고 있다면, 이러한 관점의 한계를 명확히 지적함으로써 불필요한 논쟁을 막고 보다 명확하고 현대적인 윤리적 기준을 정립할 수 있을 것이다. 이를 통해, 섹스로봇과 관련된 논의가 보다 생산적이고 의미 있는 방향으로 나아갈 수 있도록 돕고자 한다.

성행위의 정의

전통적 성윤리에 따르면, 출산, 동의, 또는 사랑을 전제로 한 성행위는 도덕적으로 허용될 수 있다. 이러한 도덕적 성행위를 가능하게 하는 것은 바로 행위 주체들의 자발적인 의지와 행동이다. 전통적 성윤리에서 성행위는 행위 주체들(agents)에 의해 이뤄지는 성기 결합 행위로 정의되기 때문이다.

따라서 도덕적으로 허용될 수 있는 성행위가 존재하

려면, 먼저 해당 행위를 실현하는 주체가 도덕적 주체여야 한다. 또한 그 행위의 대상 역시 도덕적 주체이거나 도덕적 고려의 대상인 도덕적 객체여야만 한다. 행위 주체는 대상에게 실질적인 행동을 할 때 도덕적 고려를 포함해야 하며, 이러한 고려에 따라 실제 행위가 실현돼야만 한다.

전통적 성윤리에서는 성행위의 도덕성을 평가하기 위해 특정한 조건들, 특히 행위 주체들 간의 상호성을 충족하는지를 고려한다. 즉 전통적 성윤리는 성행위의 도덕성을 판단하는 데, 행위 주체와 대상 간의 상호작용과 윤리적 책임을 강조하며, 성행위가 단순한 육체적 결합을 넘어 인간관계와 도덕적 의무를 포함하는 복합적인 행위임을 나타낸다. 이러한 관점에서 우리는 먼저 어떤 존재가 행위의 주체에 해당하는지를 분명히 해야 한다. AI와 관련된 논의에서 역시 중요한 주제 중 하나는 AI가 행위자의 조건을 충족하는지다. 만약 AI가 행위자의 조건을 만족하지 못한다면, 우리는 그 AI가 수행한 행위에 대해 도덕적 평가를 내릴 수 없기 때문이다. 따라서 AI가 행위자가 아니라면, 섹스로봇 그 자체는 비도덕적 존재(혹은 행위자)가 아닐 수 있다.

둘째로, 인간만이 행위 주체에 해당하는 경우, 행위의

대상이 되는 AI 섹스로봇이 도덕적 고려의 객체가 되는지 또한 검토해야 한다. 비록 도덕적 행위의 주체는 아닐지라도, 도덕적으로 고려해야 할 대상들이 존재한다. 대표적으로 동물은 도덕적으로 사유할 능력은 없지만, 인간이 그들을 비도덕적으로 대하지 말아야 할 이유가 있다. 쾌락과 고통을 느끼는 존재에게는 그들의 고통을 줄이기 위해 불필요한 고통을 가하지 말아야 할 의무가 있다(김태경, 2023, 244~245쪽). 우리의 의무로부터 그들은 도덕적 객체로서의 권리를 획득하게 된다. 만일 섹스로봇이 도덕적 고려의 대상이 아니라면, 섹스로봇을 향한 우리의 행위 역시 도덕적 고려의 대상이 아닌 것이 된다.

따라서 AI 섹스로봇이 도덕적 주체에도, 도덕적 고려의 객체에도 포함되지 않는다면, 우리는 이러한 행위에 대한 도덕적 평가를 내리기 쉽지 않다. 이는 섹스로봇과 관련된 성행위의 윤리적 문제를 판단하는 데 새로운 기준과 접근이 필요함을 의미한다. 전통적 성윤리는 이러한 새로운 도전에 충분히 대응하지 못할 수 있음을 보여주며, 현대 사회에서 성윤리의 재구성과 확장이 필요함을 강조한다.

행위자 개념과 섹스로봇의 도덕적 지위

우리는 이를 위해 행위자의 조건에 대해 살펴볼 필요가 있다. 행위자는 자율성을 지닌 존재여야 한다는 점에서 존 크리스만(John Christman)은 자율성 개념을 다음과 같이 설명한다.

자율성은 자기 자신을 반성의 대상으로 삼는 능력, 자신이 인정하는 가치와 연관성, 그리고 자신을 규정하는 속성들을 수용하거나 부정할 수 있는 능력, 그리고 자신의 삶 속에서 이러한 요소들을 자기 뜻에 따라 변경할 수 있는 능력을 함축한다(Christman, 2003; 고인석, 2017, 176쪽).

따라서 행위자가 되기 위해서는 단순히 감각(sense) 능력이나 행동(behaviour) 능력을 갖추는 것만으로는 충분하지 않다. 대부분의 AI 로봇은 감각이나 행동을 일으키곤 하지만, 이러한 능력들과 관련된 사고, 의도, 실행 능력 등이 모두 포함돼 있다고 보기는 어렵다.

또한 행위가 가능하기 위해서는 사태에 대한 온전한 지각(perception) 역시 이뤄져야 한다. 이 지각은 단순히 감각기관 앞에 주어진 대상을 포착하는 것이 아니라, 그 대상에 대한 '이러저러한 내용', 즉 표상적 내용(representaional contents)을 포함해야만 한다. 만약 어떤 존재가 외부 세계에 대한 표상적 내용을 가지지 않고 단순한 감각만을 가졌다면, 그 존재는 진정한 의미에서 지각하는 존재로 볼 수 없다.

또 행위를 하기 위해서는 표상적 내용을 가지는 지각이 선행돼야 하며, 이러한 내용을 가지기 위해서는 주체가 지각 대상과 관련된 개념을 소유해야 한다. 이러한 개념을 소유해야만 주체는 특정 내용을 가지는 지각 경험을 하고, 이를 바탕으로 사고(thoughts)와 더불어 적절한 행위(act)를 할 수 있다(김태경, 2023, 245~246쪽).

따라서 행위가 성립하기 위해서는 주체가 소유한 개념을 통해 지각이 이뤄져야 하며, 지각된 표상적 내용에 대해 사고를 할 수 있어야 하고, 그러한 사고에 따라 의도적으로 무언가를 행할 수 있어야 한다(고인석, 2018, 174~175쪽; Schlosser, 2015). 즉 '구체적인 무언가를 대상으로 삼는 작용'에서 시작해 그 무언가를 '행위의 대상으로 삼아 특정한 의도를 구현'하는 것이 행위에 필요한 전제조건이며, 이러한 기능을 수행할 수 있는 존재가 행위자로 간주될 수 있다.

만약 개념을 소유하지 못한 존재가 주어진 대상에 대해 이러저러한 움직임을 보인다면, 우리는 그 존재가 행위를 한다기보다는 주어진 설계에 따라 작동한다고 보는 것이 더 바람직하다(고인석, 2018). 이는 AI와 같은 존재가 진정한 행위자로 여겨지기 위해서는 단순한 작동을 넘어, 개념적 이해와 의도적 행위가 가능해야 함을 의미한다.

이러한 논의들은 행위자의 자율성과 지각 능력이 섹스로봇과의 성행위의 도덕성을 평가하는 데 중요한 요소임을 강조하며, 인간이 아닌 존재들의 도덕적 지위나 그들에게 가해지는 인간의 행위의 도덕성 여부를 논하게 될 때 중요한 기준이 되기도 한다.

행위와 섹스로봇

앞서 살펴본 바에 따르면, 섹스로봇과 같은 인공물은 행위자로서의 조건을 만족시키지 못한다. 고인석은 AI 로봇이 이러한 조건들을 충족하지 못하기 때문에, AI의 행위 능력에 대해 부정적이거나 답변을 유보해야 한다고 주장한다(고인석, 2018, 161쪽).

AI 섹스로봇은 자율적인 움직임을 가질 수 있지만, 본질적으로 반성적 작용을 수행한다고 볼 수 없다. 이들은 주어진 알고리즘에 따라 사용자의 성적 취향을 학습하고 이에 반응하는 행동만을 보여 주기 때문에, 이를 자신에 대한 이해나 사용자의 욕구를 긍정하거나 부정하는 존재로 간주하기 어렵다. 또한 AI 로봇은 이러한 행위로부터 발생하는 삶의 다양한 요소들을 스스로 변경할 능력 역시 지니지 않는다.

비록 섹스로봇이 주변 상황을 인식하는 감각기관을 가지고 있을지라도, 그 정보를 표상하고 이에 대한 개념적 사고를 할 수 있는 존재로 보기는 어렵다(고인석, 2018, 175~176쪽). 이는 섹스로봇이 진정한 의미에서 행위자로 간주될 수 없음을 시사하며, 이와 같은 AI와의 상호작용이 전통적 성윤리의 틀 내에서 도덕적 평가를 받기 어렵다는 점을 부각한다.

사랑과 섹스로봇

한편 섹스로봇의 제작과 사용에 대한 옹호론자들은 인공물과의 성행위와 사랑이 인간의 일방적인 행위나 내적 작용에 그치지 않고, 인공물 역시 인간과 성행위를 하거나 사랑할 수 있을 것이라고 주장한다. 그러나 이러한 관점은 섹스로봇이 그러한 행위를 할 수 있는 주체이거나 사랑이라는 개념을 소유한 존재임을 입증한 것이 아니다. 오히려 이는 환상적인 미래 세계를 강렬하게 묘사한 문학이나 영화에 영향을 받은 것에 가깝다.

존 설린스(John Sullins)와 같은 학자들은 우리가 사랑에 빠질 수 있는 기계장치는 실현 가능하다고 보지만, 기계 자체가 사랑에 빠질 수 있음에 대해서는 회의적이다(Sullins, 2012, 398~400쪽). 이런 점에서 본다면, 기계와 인간이 서로 사랑할 수 있다는 주장은 실증적 세계의 진술이 아니라, 관념과 상상의 세계에서 나온 주장에 해당된다.

하지만 우리가 중요하게 고려해야 할 점은, 비록 섹스로봇의 움직임이 행위자로서의 조건을 만족하지 못한다고 하더라도, 섹스로봇을 사용하는 인간의 성적 움직임은 여전히 행위로 간주될 수 있다는 것이다. 섹스로봇의 사용자가 주체로서 그 움직임이 행위라고 한다면, 이는 전통적 성윤리 안에서 도덕적 가치판단이 개입할 수 있는 조건을 마련한다고 볼 수 있다.

다음으로, 우리는 섹스로봇에 대한 인간의 행위가 전통적 관점에서 행위로 인정되더라도, 그 행위의 대상이 되는 섹스로봇이 도덕적 객체의 속성을 공유하지 않는다는 점을 검토할 것이다. 이는 섹스로봇과의 상호작용에서 발생할 수 있는 우려되는 요소들을 충분히 공유하기 어려움을 의미한다.

도덕적 객체 개념과 섹스로봇

전통적 성윤리에서는 인간의 섹스를 정의하고, 이로부터 도덕적으로 허용 가능한 섹스의 유형을 논증한다. 이는 행위 주체가 도덕적 사유에 기반해 행위를 할 수 있는 존재여야 한다는 전제에 기초한다. 그러나 앞서 살펴본 바와 같이, 섹스로봇에 내재한 AI의 알고리즘만으로는 섹스로봇을 행위의 주체로 여기기 어려운 측면이 있다.

이에 따라, 필자는 섹스로봇을 단순히 성욕을 충족시키기 위한 도구로 인식할 때 발생하는 문제에 초점을 맞추고자 한다. 특히 이러한 맥락에서 도덕적 객체로서의 섹스로봇에 대한 논의가 중요하다. 즉, 섹스로봇이 도덕적 객체로 간주될 수 있는지, 그리고 그에 따른 윤리적 고려가 필요하다면 어떤 방식으로 이뤄져야 하는지를 검토하는 것이 필요하다. 이러한 분석은 섹스로봇과의 상호작용이 도덕적 판단의 대상이 될 수 있는지, 그리고 그 상호작용이 인간의 윤리적 가치관에 어떤 영향을 미칠 수 있는지를 이해하는 데 기여할 것이다.

도덕적 객체

일반적으로 도덕적 객체란 윤리적 행위의 주체가 아닌, 그 행위의 대상이 되는 존재들을 일컫는다. 전통적 관점에서는 도덕적 주체와 객체는 모두 인간에게만 해당되는 개념이었다. 17세기의 데카르트는 동물의 행동을 감각기관에 의한 일종의 반응 행위로만 인식하고, 동물을 기계장치와 다를 바 없는 존재로 여겼다. 칸트 역시 동물이 주변 상황에 반응할 수 있지만 인식적 경험을 할 수 없기 때문에, 인간처럼 표상적 내용을 가지는 경험을 할 수 없는 존재로 간주했다. 따라서 이들은 도덕적 객체의 지위를 가지지 않았다. 그러나 현대에 이르러서는 도덕적 객체의 범위가 확대돼, 감정과 인지 능력을 가진 존재들을 포함하게 됐다. 도덕적 객체는 주로 쾌락과 고통을 느낄 수 있는 능력을 지니거나, 해악을 가하지 말아야 할 실증적 근거를 가진 존재로 정의된다. 동물이 도덕적 객체로 여겨지는 이유는 그들이 고통을 느낄 수 있는 존재라는 실증적 근거에 기반한다(Singer, 2011, 50~53쪽). 대부분의 동물이 이에 포함되며, 우리는 이들을 신체의 자유를 누릴 권리를 지닌 '비인간 인격(non-human person)'으로 정의하고 있다(김효은, 2019, 19~20쪽).

도덕적 객체 개념의 이러한 변화 추이는 도덕적 객체의 개념이 인간 중심에서 벗어나 보다 포괄적인 윤리적 고려를 반영하고 있음을 보여 준다. 이는 섹스로봇과 같은 새로운 기술적 존재에 대한 도덕적 평가를 위한 중요한 논의의 출발점이 될 수 있다.

우리는 도덕적 주체가 아니더라도, 어떤 존재가 감정, 인지 능력, 또는 쾌락과 고통을 느낄 수 있는 능력과 같은 특정 속성을 지니고 있다면, 그 존재에 대해 불필요한 해악을 가하지 말아야 한다는 것을 도덕적으로 참된 명제로 받아들인다. 이러한 관점은 윤리적 고려가 인간뿐만 아니라 다른 감각적 존재들로 확장돼야 한다는 현대 윤리학의 중요한 원칙 중 하나다.

실제로, 2014년 아르헨티나 법원은 영장류와 같은 동물에게 '기본적인 권리를 누릴 수 있어야 한다(non-human person right)'고 판결한 사례가 있다(Bawden, 2014; 김효은, 2019, 20쪽). 이 판결은 동물이 단순한 재산이 아니라, 기본적인 권리를 가질 수 있는 존재로 인정받아야 한다는 인식의 전환을 보여 준다. 이는 도덕적 객체에 대한 정의가 어떻게 변화하고 있으며, 윤리적 고려가 보다 포괄적이고 깊이 있는 방향으로 확장되고 있음을 나타낸다. 이러한 변화는 섹스로봇과 같은 새로운 존재를 도덕적 객체로 고려할 가능성을 모색하는 데도 중요한 성찰을 제공한다.

존재의 상호작용과 섹스로봇의 지위

앞서 살펴본 섹스로봇에 대한 세 가지 견해 중 하나는 섹스로봇과의 행위를 단순히 자위행위로 인식하는 것이다. 이 견해에 따르면, 섹스로봇과의 성행위는 도구를 이용한 자위행위에 불과하기 때문에 전통적 의미에서 도덕적으로 바람직하다고 여겨지는 성행위의 유형에 해당하지 않으며, 성행위의 기본 개념에도 포섭되지 않는다. 전통적 성윤리에 따르면, 성행위는 다른 누군가와의 성적 물리적, 정신적, 사회적 상호작용을 포함하는 것으로 정의되고 있기 때문이다.

우리가 이러한 관점을 취하게 되면, 섹스로봇을 이용한 자위행위는 이러한 상호작용에 필요한 행위 주체로서의 '누군가'가 결여돼 있기 때문에, 인간 간의 상호작용에 의한 성행위로 정의하기 어려운 측면이 있다(Migotti & Wyatt, 2017, 21쪽; 김태경, 2020). 만일 우리가, 지금까지 살펴봤던 전통적 성윤리에 입각한다면, 성행위의 정의는 다른 누군가와 성적 물리적, 정신적, 사회적 상호작용을 하는 것이라고 정의할 수 있다. 따라서 섹스로봇과의 상호작용은 전통적 성윤리가 다루는 성행위의 범주를 벗어나 있으며, 도덕적 논의에서 새로운 기준과 접근이 필요함을 시사한다. 이러한 관점은 섹스로봇과의 행위가 인간의 윤리적 가치와 사회적 규범에 어떤 영향을 미치는지를 이해하는 데 중요한 역할을 한다.

하지만 보다 중요한 문제는, AI 로봇에 대한 인격 부여 논의에서, AI가 도덕적 객체에 해당하는지는 명확히 연구된 바가 없다. 실제로 우리가 AI 로봇에게 부여하는 인격은 도덕적 주체나 객체와 관련된 것이 아니라, 법적 개념에서의 지위 부여와 관련이 있다. 2017년 유럽연합 의회에서 제안한 '전자인격(electronic person)' 개념은 AI 로봇이 전통적 의미에서 인격체(person)로서의 '인간'이 아니라고 명확히 정의하고 있다. AI에게 인격을 부여하는 목적은 이들에게 불필요한 해악을 가하기 위함이 아니라, 문제가 발생했을 때 책임 관계를 명확히 해 관련 있는 사람들에게 책임을 부과하기 위함이었다(김효은, 2019, 21~25쪽). 따라서 이때의 인격 개념은 '법적 인격(legal person)'에 해당하며, 행위자의 개념과는 관련이 없다.

이로 인해, AI 로봇을 도덕적 객체의 지위로 인정할 만한 실증적 · 사회적 근거는 현재로서는 없다. 그렇다면 이들에 대한 행위는 도덕적 평가의 대상이 되지 않는다. 물론 다른 사람의 섹스로봇을 무단으로 사용하거나 훼손한다면, 그 소유주에 대해 도덕적 · 법적 책임을 질 수 있지만, 섹스로봇 자체에 대한 행위에 대해서는 도덕적 · 법적 책임을 지는 것은 아니다. 이는 섹스로봇과 같은 AI 로봇이 현재의 법적 · 도덕적 틀 내에서 어떻게 다뤄지고 있는지를 보여 준다.

행위 개념과 도덕적 평가

지금까지의 논의를 통해 전통적 성윤리에서 섹스는 단순한 행동 이상의 의미를 지닌다는 것을 알 수 있다. 섹스로봇은 인간의 섹스 유형을 학습하고 예측 가능한 방식으로 행동하지만, 이러한 행동에는 '행위'로 간주될 수 있는 속성들이 결여돼 있다. 만약 이러한 행동이 진정한 의미의 행위로 간주된다면, 섹스로봇 상용화에 대한 우려는 정당화될 수 있지만, 현재까지의 논의에 따르면, 이러한 우려를 논증하기 위해서는 섹스로봇의 행동을 행위로 간주해야 한다는 전제가 필요하다.

또한, 섹스로봇은 도덕적 행위의 고려 대상에 포함되지 않는다. 이는 AI 알고리즘이 도덕적 객체에 필요한 요소들을 충분히 갖추고 있지 않기 때문이다(중앙일보 VOICE, 2022). 이 때문에 인간과 기계 사이의 행동에 대해 도덕적 평가를 내리기 어려운 것이다. 따라서 섹스로봇과 같은 인공적 존재와의 상호작용은 가능하지만, 섹스로봇을 인간과 동등한 도덕적 지위, 즉 주체 또는 객체로 간주할 충분한 근거가 마련되지 않았다.

물론 프로그램 설정을 통해 모든 상황에서 성행위에 동의하지 않는 섹스로봇을 설계할 수는 있다. 그러나 이러한 알고리즘 설계는 섹스로봇의 행위에 대한 자발적 동의 또는 부동의를 판단하는 기준이 되지 않는다. 섹스로봇과의 성행위가 사용자에게 오르가즘을 초래한다는 점만을 강조하면 일반적 자위행위와 다름이 없다고 볼 수 있다.

섹스로봇의 등장은 전통적 성윤리에 기반한 관점을 전환할 필요성을 제기하고 있다. 이제 우리는 전통적 성윤리에 속한 성과 인간에 대한 개념적 이해로는 현대의 복잡한 성 관련 문제에 접근하기 어려운 상황에 직면해 있다. 현대 성의학의 발전은 다양한 유형의 성행위가 도덕적으로 바람직하지 않다고 규정할 만한 충분한 근거를 제공하지 못하고 있으며, 헌법이 보장하는 개인의 사적 권리를 침해하면서까지 특정한 유형의 성행위를 금지하기도 어려운 현실에 도달했다.

이러한 변화는 성과 관련된 윤리적 논의가 보다 포괄적이고 현대적인 접근을 필요로 함을 강조한다. 섹스로봇과 같은 새로운 기술적 존재들이 등장함에 따라, 성행위의 도덕성을 재평가하고, 개인의 자유와 권리를 존중하는 방향으로 윤리적 틀을 재구성해야 할 필요성이 커지고 있다. 이는 성과 관련된 인간의 경험이 단순한 전통적 기준을 넘어, 개인의 다양성과 권리를 포용하는 방식으로 이해돼야 함을 시사한다.

새로운 성윤리의 필요성

섹스로봇 문제에 대해 우리는 AI와의 성행위가 실제로 옳고 그른지를 판단하기보다는, 전통적 성윤리가 제공하는 개념적 틀 안에서 그 행위에 대한 옳고 그름을 논의하고 있는 것은 아닌지 다시 생각해 봐야 한다. 전통적 성윤리는 다양한 유형의 성적 행위에 대해 침묵할 가능성이 있으며, 이는 불륜, 동성애, 양성애 등 성에 대한 인식이 변화하고 있음에도 이러한 변화를 충분히 반영하지 못하는 한계를 지닌다.

대한민국에서 청소년 교육을 목적으로 정의된 성윤리는 "인간의 성적 상호작용의 영역 내에서 관련되는 도덕 규칙이나 원칙을 밝혀내는 윤리학의 일부"로 서술돼 있어, 인간들의 상호작용의 영역으로 매우 제한적으로 이해하도록 유도하고 있다(교육인적자원부, 2003, 104쪽; 김대용, 2004, 165쪽). 그러나 성행위는 성적 취향만큼이나 다양하며, 그 대상이 반드시 인격체로서의 '개인'이 아닐 수도 있다.

따라서 우리는 성에 대한 윤리적 논의가 현대 사회의 복잡한 현실과 기술 발전을 반영하도록 개방적이고 포괄적인 접근을 취해야 한다. 이는 성과 관련된 다양한 경험과 정체성을 존중하고, 변화하는 사회적 인식에 적절히 대응할 수 있는 윤리적 틀을 개발하는 데 기여할 것이다.

새로운 성윤리를 위한 제언

이제 우리는 성윤리에 대해서도 전통적인 방식에서 벗어나 새로운 접근이 필요하다는 점을 인식해야 한다. 다른 학문 분야에서 이미 채택된 실험적 접근법이나 데이터를 활용한 가치판단 방식은 성윤리에도 적용될 수 있다(Danaher, et al., 2017). 이러한 접근은 모든 이론이 그 정당성을 보다 합리적인 차원에서 확보하기 위한 시도로, 인류 지성사에서 매우 자연스러운 흐름에 해당한다.

예를 들어, 에밀 뒤르켐은 자살 행위를 심리적 원인으로만 보지 않고, 통계 자료를 통해 사회적 요인에 의한 현상으로 밝혀냈다(에밀 뒤르켐, 2019). 또한 피터 싱어는 동물의 도덕적 지위 부여 문제를 인간과의 생물학적 유사성과 쾌고감수 능력에 기반해 논증했다(Singer, 2011). 에릭 캔델은 추상화에 대한 미적 판단의 기준을 과학적 접근법으로 탐구했다(에릭 캔델, 2019).

20세기 이후, 인간은 사물이나 행위에 대한 관념에 의존하기보다는 관찰에 의한 사실을 통해 논증을 구성해 왔다. 따라서 옳고 그름에 대한 판단에서도 이러한 접근법을 사용하는 것이 당연한 일일 것이다.

전통적 가치관이나 직관적 사고와 일치하지 않더라도, 실제로 벌어지는 현상에 대응하고 미래의 결과를 예측해 피해를 최소화하기 위해서는 이러한 방식의 채택이 더욱 바람직하다. 이는 현대 사회의 복잡한 문제들을 보다 효과적으로 다루고, 성윤리에 대한 이해를 깊이 있게 발전시키는 길이 될 것이다.

참고문헌

고인석(2017). "인공지능이 자율성을 가진 존재일 수 있는가?". 《철학》, 133, 163~187쪽.

고인석(2018). "인공지능의 존재 지위에 대한 두 물음". 《철학》, 136, 161~183쪽.

교육인적자원부(2003). 《시민윤리》. 지학사.

김대용(2004). "도덕 교과서에 나타난 성 윤리의 문제". 《현상과 인식》, 28(1), 162~185쪽.
김태경(2020). "리얼돌과 섹스로봇의 상징성 문제". 《과학철학》, 23(3), 61~86쪽.
김태경(2023). "전통적 성윤리에 기반한 섹스로봇에 대한 도덕적 가치판단은 정당한가?". 《동서철학연구》, 107, 229~255쪽.
김효은(2019). 《인공지능과 윤리》. 커뮤니케이션북스.
에릭 캔델(2019). 《어쩐지 미술에서 뇌과학이 보인다: 환원주의의 매혹과 두 문화의 만남》. 이한음 옮김. 프시케의숲.
에밀 뒤르켐(2019). 《에밀 뒤르켐의 자살론》. 황보종우 옮김. 청아출판사.
윤지영(2020). "리얼돌, 지배의 에로티시즘". 《문화와 사회》, 28(1), 7~68쪽.
중앙일보 VOICE(2022.12.3.). "인공지능 로봇과의 섹스, 인류의 구원일까, 절망일까". https://www.youtube.com/watch?v=pmnbGGEzQps&t=482s
Bawden, T.(2014). Orangutan inside Argentina Zoo granted 'non-human person right' in landmark ruling. Independent. https://www.independent.co.uk/news/world/americas/sandra-the-orangutan-inside-argentina-zoo-granted-human-rights-in-landmark-ruling-9940202.html
Christman, J.(2003). Autonomy in Moral and Political Philosophy. The Stanford Encyclopedia of Philosophy. https://plato.stanford.edu/entries/autonomy-moral
Danaher, J. et al.(2017). *Robot Sex: Social and Ethical Implications*. MIT Press.
Migotti, M. & Wyatt, N.(2017). On the Very Idea of Sex with Robots. In Danaher, J. & McArthur, N.(eds.). *Robot Sex: Social and Ethical Implications*, pp.15~27. The MIT Press.

Richardson, K.(2016). The Asymmetrical 'Relationship'. *ACM SIGCAS Computers and Society, 45*(3), pp.290~293.

Schlosser, M.(2015). Agency. The Stanford Encyclopedia of Philosophy(Fall 2015 Edition). https://plato.stanford.edu/archives/fall2015/entries/agency

Singer, P.(2011). *Practical Ethics(3rd edition).* Cambridge University Press.

Sterri, A. B. & Earp, B. D.(2021). The Ethics of Sex Robots. In Veliz, C.(ed.). *The Oxford Handbook of Digital Ethics*(pp241~257). Oxford University Press. https://www.academia.edu/42871768/The_ethics_of_sex_robots

Sullins, J.(2012). Robots, Love, and Sex: The Ethics of Building a Love Machine. *IEEE Transaction on Affective Computing, 3*(4), pp.398~409.

05
섹스로봇의 진화와 성윤리

자위행위는 개인의 프라이버시를 존중하며, 도덕적 · 법적 문제를 최소화하는 안전한 성욕 해소 방법으로 인식된다. 이는 현대 사회에서 개인의 성적 자율성을 보장하는 중요한 요소로 작용한다.

AI 콘텐츠 크리에이터?

인간은 다양한 방식으로 성욕을 해소해 왔다. 개인의 성적 취향에 따라 이성과의 성관계, 동성과의 성관계를 통해 성욕을 해소하고, 정서적 교감을 나누기도 한다. 하지만 이러한 성적 대상이 마련되지 않을 때, 일반적으로 세 가지 유형의 해소 방식을 찾는다. 첫째는 폭력이나 강압에 의한 성행위, 둘째는 성매매, 셋째는 다양한 방식의 자위행위다.

첫째와 둘째 방식은 인간의 기본권을 침해하거나 심각한 법률 위반 행위에 해당하므로 정당화되기 어렵다. 이러한 행위는 사회적 · 법적 기준에 부합하지 않으며, 개인의 자유와 권리를 침해하는 결과를 초래한다. 반면, 자위행위는 개인의 기본권을 침해하지 않고, 사적인 공간에서 이뤄지는 경우 어떠한 법률도 위반하지 않는다. 이는 개인의 성적 욕구를 해소하는 한편, 사회적 규범과 법적 틀 내에서 허용 가능한 방식으로 간주된다.

따라서 자위행위는 개인의 프라이버시를 존중하며, 도덕적 · 법적 문제를 최소화하는 안전한 성욕 해소 방법으로 인식된다. 이는 현대 사회에서 개인의 성적 자율성을 보장하는 중요한 요소로 작용한다.

AI 섹스로봇의 진화와 성윤리적 고찰

자신의 신체만을 이용하는 전통적인 자위행위는 이제 주변의 사물들을 넘어, 오로지 성적 만족을 위해 인공적으로 만들어진 제품들을 이용하는 방식으로 발전해 왔다. 최근에는 인간의 체형을 본떠 만든 실리콘 형태의 '리얼돌(real doll)'에 AI를 탑재한 제품들이 개발되고 있다. 이 제품들은 지난 십 년 사이에 매우 빠른 속도로 발전해 왔다.

최초의 섹스로봇이라고 할 수 있는 트루컴패니언(Truecompanion)사의 '록시(Roxxxy)'는 더글러스 하인스(Douglas Hines)에 의해 개발됐으며, 신장 170cm에 54kg으로 인간의 모습과 동일한 신체적 조건을 가지고 있다. 이 로봇은 AI 기능을 탑재해 사용자의 성적 기호를 학습할 수 있으며, 사용자와 의사소통이 가능하다. 또한 물리적 자극으로부터 성적인 감각을 사용자에게 표현하는 능력을 갖추고 있다. 하인스는 이러한 감각을 성행위를 통해 느끼는 감정(emotion)으로 정의하고 있지만, 물리적 자극으로부터 어떠한 유형의 감정이 발생하는지에 대한 명확한 설명은 아직 부족하다.

이후의 모델들 역시 이러한 사양을 기반으로 제작되고 있다. 2015년부터 맷 맥뮬런(Matt McMullen)이 개발한 리얼보틱스(Realbotix)사의 '하모니(Harmony)'는 얼굴 인식 기능을 탑재하고, 사람의 체온과 비슷한 피부 온도를 내장했으며, 성행위 시 사용자의 성적 취향과 쾌감 유형을 학습해 적절히 대응할 수 있도록 설계됐다.

또 다른 발전은 세르기 산토스(Sergi Santos)가 개발한 '사만다(Samantha)'로, 이 로봇은 사용자의 가족 구성원들과도 철학, 과학, 동물, 농담 등 일상적인 대화를 능숙하게 해낼 수 있다. 사만다의 흥미로운 기능 중 하나는 '가족 모드(family mode)'로, 이 모드에서는 일상 대화가 가능하지만, 갑작스럽게 성행위 모드로 전환되지는 않도록 설계돼 있다. 따라서 성행위에 이르기 위한 사전 작업이 필요하다. 산토스는 성행위에서 "감정적 교감은 모든 관계의 근본으로서 우리가 추구하는 목적"이라고 주장하며, 사만다를 단순한 욕구 해소뿐만 아니라 감정의 교감까지 나눌 수 있는 대상으로 설명한다(김태경, 2019).

이러한 섹스로봇의 발전은 성윤리에 대한 새로운 고찰을 요구한다. 전통적 성윤리가 다루지 못하는 새로운 기술적 존재들이 등장함에 따라, 성과 인간관계에 대한 개념을 재정립하고, 보다 현대적이고 포괄적인 윤리적 틀을 마련할 필요성이 증가하고 있다.

도구로서의 섹스로봇

섹스로봇은 "성적 호기심과 능력을 갖춘 다양한 사람들 ―남자와 여자, 게이와 레즈비언, 흑인과 백인, 십대와 성인 등―과의 성행위를 목적으로 설계되고 프로그래밍된 로봇"으로 정의된다(Bendel, 2017, 18쪽). 이 정의에 따르면, 섹스로봇은 다양한 인간의 성욕 해소를 위한 도구로서 제작되고 개발되는 로봇을 의미한다. 이 개념은 섹스로봇의 상용화를 찬성하는 입장과 반대하는 입장 모두에서 일반적으로 동의하는 바다.

만약 우리가 이 정의를 비판 없이 그대로 받아들인다면, 섹스로봇은 다양한 사람들의 성욕 해소를 위한 유용한 발명품으로 인식될 수 있다. 이는 섹스로봇이 성적 욕구를 충족하는 데 편리하고 효과적인 수단으로 여겨질 수 있음을 시사한다.

섹스로봇의 긍정적 잠재력과 사회적 변화

섹스로봇의 긍정적 측면에 대한 인식은 단순히 개발자들에게만 국한되지 않는다. 데이비드 레비(David Levy)는 《로봇과의 사랑과 섹스(Love and Sex with Robots)》에서 2050년경에는 인간이 로봇과 성행위를 하는 것뿐만 아니라 사랑에 빠질 가능성도 있다고 주장한다. 레비는 모든 성행위의 목적이 쾌락과 '감정적 친밀감(emotional closeness)'을 추구하는 데 있으며, 섹스로봇이 이러한 목적을 달성하기에 적합한 수단이 될 수 있다고 본다.

마리나 아드셰이드(Marina Adshade, 2017)는 《로봇 성: 사회 윤리적 의미(Robot Sex: Social and Ethical Implications)》에서 섹스로봇이 사회적 변화를 불러올 것이며, 결혼은 항상 기술의 변화와 함께 진화해 왔음을 강조한다. 그녀는 '가정의 전자화(electrification in the home)'가 어떻게 여성이 일하는 시간의 낭비를 줄이고 결혼 생활의 질을 향상했는지를 검토할 필요가 있다고 말한다. 아드셰이드는 AI 기반의 실리콘 러브 인형인 섹스로봇의 등장이 가계의 생산성을 높이고, 부부 사이의 성관계에 대한 압박을 해소하며, 결혼의 질을 향상하고 이혼율을 낮출 수 있음을 강조한다.

이들의 주장이 옳다면, 섹스로봇 기술은 전통적 가치관을 유지하면서도 부부의 성적 욕구를 충족할 수 있다. 이는 이성애자 부부가 가정을 꾸리고 아이를 함께 키우는 데 전통적 가치관을 해치지 않으면서도 성욕을 충족할 수 있는 방법이 될 수 있다. 또한 동성애자 부부의 경우에도 자녀를 출산해 양육하는 환경을 기대하기는 어렵지만, 성행위와 관련돼 발생할 수 있는 다양한 문제점을 극복할 수 있을 것이다(김태경, 2019, 71~72쪽).

섹스로봇과 성적 자유: 윤리적인 도구로서의 가능성

더 나아가, 섹스로봇은 '인간의 기본권'을 해치지 않으면서 인간이 성욕 해소를 할 수 있는 대상으로 충분한 역할을 할 수 있을 것으로 예상된다. 여기서 '기본권'은 폭력이나 강압에 의해 이뤄지는 성행위가 아닌, 자신의 의지에 의해 성행위를 할 수 있는 권리를 의미한다. 이러한 측면에서 섹스로봇은 개인의 성적 자유를 존중하면서도 윤리적이고 사회적으로 수용 가능한 방식으로 성욕을 해소할 수 있는 혁신적인 수단이 될 수 있다.

이러한 관점은 섹스로봇이 단순히 성욕 해소의 도구에 그치지 않고, 인간관계에서 중요한 감정적 요소를 제공할 수 있고 사회적 이익을 위해서도 반드시 필요한 중요한 존재로 여겨질 수 있음을 시사한다. 이는 섹스로봇이 미래 사회에서 인간의 정서적 필요를 충족하고, 새로운 형태의 관계를 형성할 수 있는 가능성을 탐구하는 데 중요한 논의로 이어질 수 있다. 그러나 이러한 잠재성이 윤리적, 사회적 차원에서 어떤 의미를 가지는지에 대한 깊이 있는 고찰이 필요하다. 아울러 이러한 기술적 진보가 윤리적 · 사회적 측면에서 어떤 영향을 미치는지에 대한 심도 있는 논의가 필요하다. 이는 섹스로봇이 인간의 성적 경험과 관계에 미치는 영향을 이해하고, 그에 따른 윤리적 접근을 모색하는 데 중요한 출발점이 될 것이다.

섹스로봇에 대한 다양한 논쟁과 가치판단의 기준

본질적으로 섹스로봇과 같은 인공물은 자위행위를 위한 도구로서, 인간의 기본권을 침해하지 않는다. 그러나 이러한 인공물에 대한 우려의 시선도 존재하며, 우리는 여전히 이와 관련된 다양한 논쟁을 접하고 있다. 이러한 논쟁이 발생하는 이유는 여러 가지가 있을 수 있지만, 그중 하나는 우리가 아직 이들에 대한 명확한 가치판단의 기준을 확립하지 못했다는 점이다. 이러한 불확실성은 섹스로봇이 사회적 · 윤리적 측면에서 어떤 영향을 미칠지에 대한 깊은 고찰을 요구하며, 현대 사회에서 더욱 포괄적이고 명확한 윤리적 틀을 마련해야 할 필요성을 강조한다.

리얼돌에 대한 법률적 판단

섹스로봇과 같은 성적 인공물에 대한 다양한 판단 중 필자의 이목을 집중시킨 사례는 2017년부터 2019년까지 진행된 리얼돌 수입 업체와 인천세관 간의 재판 과정이다. 2017년, 인천세관은 리얼돌을 '풍속을 해치는 물품'으로 정의하고 수입 통관을 보류했다. 이에 수입업체는 법적 대응에 나섰다.

1심 재판부는 리얼돌이 "사람의 신체를 적나라하게 묘사"하여 "사람의 존엄성과 가치를 심각하게 왜곡, 훼손할 수 있다"라고 판단해 인천세관의 손을 들어 줬다. 그러나 2심 재판부는 판결을 뒤집으며, 리얼돌을 성기구로 정의하고, "성기구는 사용자의 성적 욕구를 충족시키는 도구에 불과하다"라고 봤다. 또한, "성기구는 필연적으로 사람의 형상을 사실적으로 묘사할 수밖에 없으며, 표현의 구체성과 적나라함만으로 성적 수치심을 해하고 성 관념에 반한다고 단정할 수 없다"라고 판단했다. 아울러 이러한 도구의 사용은 "개인의 사적 영역에 해당하므로 국가의 개입을 최소화해야 한다"라고 결론지었다.

마침내 2019년 6월 13일, 대법원 2부는 리얼돌 수입을 불허한 인천세관의 상고를 기각하면서, 리얼돌 수입이 허용됐다.

이 판결은 섹스로봇과 같은 성적 인공물에 대한 법적 · 윤리적 논쟁이 어떻게 진행되고 있는지를 보여 주는 중요한 사례로, 개인의 사적 권리와 국가의 규제 사이에서 균형을 모색할 필요성이 있음을 시사한다.

섹스로봇의 일상화 전망과 사회적 논쟁

2017년 미국의 한 리서치 기관의 조사에 따르면, 미국인의 약 50%는 앞으로 50년 내에 로봇과 성관계를 맺는 일이 일상화될 것이라고 전망하고 있었다(Shen, 2019). 이러한 관점에서 보면, 앞서 언급한 재판부의 결정은 일반인들이 성적 인공물에 대해 갖는 상식적 이해 수준에서 크게 벗어나지 않는다고 할 수 있다.

그러나 이러한 법원의 판결과 일부 찬성 여론에도 불구하고, 리얼돌과 섹스로봇과 같은 성적 인공물에 대한 이슈는 여전히 쉽게 사그라들지 않고 있다. 이는 성적 인공물이 사회적 · 윤리적 · 법적 차원에서 어떤 의미를 가지는지에 대한 다양한 의견이 존재함을 보여 준다.

이러한 논쟁은 앞으로도 계속될 것으로 보이며, 이는 기술 발전과 사회적 가치관의 변화 속에서 인간의 성적 경험과 윤리에 대한 재평가가 필요함을 시사한다. 성적 인공물에 대한 공론화와 함께, 보다 포괄적이고 현대적인 윤리적 틀을 마련하는 것이 중요하다.

성적 인공물에 대한 반대 입장과 사회적 영향

섹스로봇과 같은 성적 인공물의 제작과 상용화를 반대하는 측은, 이러한 도구가 남성의 성적 욕구에 맞춰 여성을 왜곡해 "여성의 신체 형상을 남성의 욕망의 그릇으로 최적화하는 장치"라고 주장한다(윤지영, 2020). 이들은 이러한 도구의 제작과 사용이 사물의 여성화를 거쳐 여성의 사물화라는 과정으로 이어진다고 본다. 이 과정에서 여성은 욕망과 관점의 실재성이 모두 제거된 수동적 존재로 인식된다.

이러한 현상은 사회 속에서 여성이 갖는 불평등한 상징을 실재적으로 구체화하는 결과로 이어질 수 있다. 따라서 리얼돌과 섹스로봇의 상용화를 반대하는 측은, 이러한 인공물이 잠정적으로 인격의 훼손으로 이어질 수 있다고 주장한다.

안티섹스로봇 캠페인을 벌이고 있는 캐슬린 리처드슨(Kathleen Richardson)은 리얼돌이나 섹스로봇의 제작과 사용이 "매춘 산업과 직결돼 있고, 사람을 쾌락을 위한 도구로 사용할 수 있는 능력에 의존한다"는 점에서 성매매와 유사하다고 주장한다(Richardson, 2016). 이는 사람을 사물화하고 노예화하는 심각한 인격의 훼손으로 이어질 수 있다고 경고한다.

따라서 이러한 성적 인공물의 사용을 반대하는 입장의 주요 논의는, 리얼돌과 섹스로봇이 여성이 갖는 불평등한 상징을 실재적으로 구체화하고, 인격의 훼손이라는 부정적인 결과를 초래할 수 있다는 점이다. 이러한 논의는 성적 인공물이 사회적 · 윤리적 차원에서 어떤 영향을 미치는지를 재고하는 데 중요한 시사점을 제공한다.

우연적 상징성과 섹스로봇 논쟁

하지만 존 다나허(John Danaher)의 분석에 따르면, 섹스로봇에 대한 반대 입장의 논증은 우연적으로 부여된 사물의 상징성을 바탕으로 한 '상징적 결과 논증(Symbolic Consequences Argument)'에 해당한다(Danaher & McArthur, 2017). 그는 섹스로봇과 같은 성적 인공물의 개발과 사용이 어떤 결과로 이어질지는 이러한 우연적 상징에 기반한 논증으로 명백히 평가할 수 없다고 주장한다. 또한 인간의 존엄성은 사물이 갖는 우연한 상징성에 기반하기보다는 실천적 근거에 의해 마련돼야 한다고 강조한다.

다음에는 섹스로봇 상용화에 대한 찬성과 반대의 입장을 보다 면밀히 검토할 것이다. 이를 통해, 성적 인공물이 사회와 윤리에 미치는 영향을 다각도로 분석하고, 보다 균형 잡힌 시각을 제공하고자 한다. 이러한 논의는 섹스로봇이 인간 사회에 미치는 복합적인 영향을 이해하는 데 중요한 기여를 할 것이다.

섹스로봇의 본질과 사회적 역할

앞서 언급했던 2심 재판부의 판결에 따르면, 리얼돌이나 섹스로봇은 본래 성관계를 목적으로 만들어진 인공물, 즉 도구에 불과하다(Bendel, 2017, 18쪽). 이러한 도구들은 자율적 행위로서의 성행위 능력을 가진 인간과는 달리, 단순한 기계일 뿐이다. 즉, 사용자와의 성적 상호작용이 가능하지 않으며, 오로지 사용자의 취향과 행위에 맞게 제작되고 반응하는 기계장치에 불과하다(김태경, 2019). 우리가 앞선 장에서 행위와 자율성의 관계에서 검토했듯이, 자율성의 개념은 자기 자신을 반성의 대상으로 삼고, 자신의 가치와 속성을 수용하거나 부정할 수 있는 능력을 함축하지만(고인석, 2018), 섹스로봇은 이러한 자율성을 결여하고 있다.

이러한 관점에서 보면, 섹스로봇은 일상생활에서 사

용되는 도구－세탁기, 로봇 청소기, 식기 세척기 등－와 유사하며, 인간이 하는 일을 대신해 생활의 효율성과 질을 향상하는 긍정적인 측면이 있다. 실제로 마리나 아드셰이드(Marina Adshade)는 이러한 측면에서 섹스로봇의 사용이 다른 가전 도구처럼 여성이 일하는 시간의 낭비를 줄이고, 결혼의 질과 가계의 생산성을 향상할 수 있다고 보고 있다(Adshade, 2017).

결국, 섹스로봇은 단순한 기계적 도구로서의 역할을 하며, 인간 생활의 효율성을 높이는 데 기여할 가능성이 있다. 그러나 이러한 도구가 인간의 윤리적 가치와 사회적 관계에 미칠 영향에 대해서는 여전히 심도 있는 논의가 필요하다. 이는 섹스로봇이 우리의 생활 방식을 어떻게 변화시킬 수 있을지를 이해하는 데 중요한 요소가 될 것이다.

섹스로봇의 상징성과 윤리적 논의

섹스로봇과 같은 인공물들은 자율적 행위자로서의 지위를 확보할 수 없기 때문에, 이들을 대상으로 하는 사용자의 성적 행위 자체에 윤리적 책임을 묻기는 어렵다(Fletcher, 1972, 1~4쪽; 김태경, 2019; Bryson, 2010, 1~12쪽). 이러한 기계들은 단순한 도구로서 기능하며,

그 사용에 대한 도덕적 책임은 명확히 규정되기 어려운 측면이 있다.

그러나 섹스로봇의 본래적 목적과 존재론적 지위와 무관하게, 이들이 가지는 상징성에 주목한다면, 긍정적인 면보다는 부정적인 결과가 더 두드러질 수 있다. 이러한 도구들은 단순한 도구적 지위를 넘어서, 인격의 침해를 구체화하는 장치로서의 지위를 가질 수 있다. 다시 말해, 이와 같은 접근을 받아들인다면, 섹스로봇의 본래적 목적과 기능이 아닌, 그 상징적 의미로부터 잠재적인 윤리적 문제가 나타날 수 있다.

이제 섹스로봇이 가지는 상징적 의미와 이를 고려했을 때 발생할 수 있는 문제를 검토해 보자. 이는 섹스로봇이 사회적, 윤리적 차원에서 어떤 영향을 미칠 수 있는지를 이해하고, 보다 나은 윤리적 기준을 마련하기 위한 중요한 논의의 출발점이 될 것이다.

참고문헌

고인석(2018). "인공지능의 존재 지위에 대한 두 물음". 《철학》, 136, 161~183쪽.

김태경(2019). "섹스로봇(Sex robot)의 상용화가 갖는 윤리적 문제와 윤리적 정당성 확보에 대하여". 《철학논총》, 95, 69~85쪽.

윤지영(2020). "리얼돌, 지배의 에로티시즘". 《문화와 사회》, 28(1),

7~68쪽.

Adshade, M.(2017). Sexbot-Induced Social Change: An Economic Perspective. In Danaher, J. & McArthur, N.(eds.). *Robot Sex: Social and Ethical Implications*, pp.289~300. MIT Press.

Bendel, O.(2017). Sex Robots from the Perspective of Machine Ethics. In Cheok, A. D. et al.(eds.). *Love and Sex with Robots(LSR 2016)*. pp.17~26. Springer.

Bryson, J.(2010). Robots Should be Slaves. In Wilks, Y.(ed.). *Close Engagements with Artificial Companions: Key Social, Psychological, Ethical and Design Issues*, pp.63~74. John Benjamins.

Danaher, J. & McArthur, N.(2017). *Robot Sex: Social and Ethical Implications*. The MIT Press.

Fletcher, J.(1972). Indicators of Humanhood: A Tentative Profile of Man. *The Hastings Center Report, 2*(5), pp.1~4.

Levy, D.(2007). *Love and Sex with Robots: The Evolution of Human-Robot Relations*. HarperCollins Publishers.

Shen, F. X.(2019). The Tricky Ethics of Sex Robots. The Daily Beast. https://www.thedailybeast.com/the-tricky-ethics-of-sex-robots-10?ref=scroll

Richardson, K.(2016). The Asymmetrical 'Relationship'. *ACM SIGCAS Computers and Society, 45*(3), pp.290~293.

06
AI 섹스로봇의 현실성과 형상

리얼돌이나 섹스로봇과 같은 성적 인공물은 인간의 신체 형상을 매우 현실감 있게 모사한 제품들이다. 이들은 피부, 모발, 얼굴, 가슴, 둔부, 성기 등 신체의 각 부분을 구매자의 기호에 맞게 제작하고 변형할 수 있다. 이러한 표현의 구체성과 성적 취향의 실재성으로 인해, 사람의 신체 형상을 모사한 리얼돌과 섹스로봇의 제작과 수입에 반대하는 측에서는 주로 남성 구매자를 대상으로 한 여성형 리얼돌과 섹스로봇의 문제점을 지적하고 있다.

AI와 민주주의?

형상의 구체화 그리고 윤리적 문제

리얼돌이나 섹스로봇과 같은 성적 인공물은 인간의 신체 형상을 매우 현실감 있게 모사한 제품들이다. 이들은 피부, 모발, 얼굴, 가슴, 둔부, 성기 등 신체의 각 부분을 구매자의 기호에 맞게 제작하고 변형할 수 있다. 이러한 표현의 구체성과 성적 취향의 실재성(the possibility of realizing sexual orientation)으로 인해, 사람의 신체 형상을 모사한 리얼돌과 섹스로봇의 제작과 수입에 반대하는 측에서는 주로 남성 구매자를 대상으로 한 여성형 리얼돌과 섹스로봇의 문제점을 지적하고 있다.

성적 인공물이 사람의 형상을 얼마나 현실감 있게 모사하느냐는 단순한 기술적 문제를 넘어, 사회적 가치와 젠더 문제에 대한 새로운 도전을 제기하게 된다.

단, 이러한 형상의 구체화와 성적 이상의 실현 가능성이 오로지 남성에게만 해당된다고 보기는 어렵다. 이러한 문제가 존재한다면, 그 대상이 여성 혹은 남성이라는 이유가 아닌, 구체화와 실현 가능성 그 자체에서 발생하는 것이기 때문이다. 이러한 관점에서, 본 글에서는 리얼돌과 섹스로봇 제품을 여성, 남성의 형상으로 지칭하지 않고, 사람의 형상으로 일괄적으로 지칭해 논의가 진행될 것이다.

윤지영은 리얼돌의 제작과 사용에 내재된 문제를 다음과 같이 지적하고 있다.

> 리얼돌은 포르노 판타지의 물질적 구현이자 공감각적 체현이라 할 수 있다. 기존의 포르노그래피가 시각적, 청각적 자극에 한정된 것이라면, 리얼돌은 화면 바깥으로 나온 포르노 판타지의 실현이자 시각, 청각, 촉각, 후각 모두를 자극하는 특징을 갖는다. 포르노그래피에 의한 성적 행위의 일방적 서사화 방식이 무한정으로 적용되는 신체-공간, 그것이 바로 리얼돌인 것이다. 이러한 포르노그래피 문화에서 리얼돌은 여성의 신체에 무엇을 할 수 있으며, 여성의 신체는 남성 욕망에서 어떤 기능을 하는가에 대한 판본이자 모의실험 장소이다. 즉 리얼돌은 여성 신체 위에서 무제한적으로 전개되는 남성 욕망의 지도로 가능함과 동시에 여성 신체를 어떻게 대하고 어떻게 용도화할 수 있는가에 대한 시뮬레이션의 장치로 기능한다(윤지영, 2020, 31~32쪽; 윤김지영, 2019).

이러한 분석은 리얼돌이 단순한 성적 도구를 넘어, 포르노그래피의 물질적 구현으로서 사회적 · 윤리적 문제를 야기할 수 있음을 시사한다. 이는 리얼돌의 사용이 인간의 성적 경험과 관계에 미치는 영향을 재고하게 하며, 성적 인공물이 사회적 가치와 윤리적 기준에 미치는 영향을 깊이 있게 논의할 필요성을 강조한다.

특히 윤지영이 지적한 판타지와 욕망의 실재적 구현 가능성으로 인해, 리얼돌이나 섹스로봇의 상용화는 사용자에게 개인의 성적 자유를 허용하는 하나의 도구에 불과하지만, 이러한 자유의 허용은 실제 성행위에서 그 대상－남성이든 여성이든－을 자신의 욕구 충족만을 위한 도구로 인식하도록 유도할 위험이 있다. 이러한 유도 과정의 원인은 리얼돌과 섹스로봇의 상용화가 사용자의 성적 취향을 자위행위의 범주로 축소하고, 오로지 사용자의 욕망만을 실재하는 것으로 여기는 데 있다(윤지영, 2020, 32～33쪽). 이 때문에, 리얼돌과 같은 도구의 제작과 사용은 결과적으로 타자의 존재 지위나 성적 욕구와 취향을 인정하는 것이 아니라, 타자를 자신의 욕망의 현상이나 관념으로 축소해 오로지 자신의 욕망만을 실재하는 '성적인 유아론(Sexual Solipsism)'을 구체화하는 결과를 초래할 수 있다(윤지영, 2020, 31～32쪽). 이는 성적 인공물이 인간의 관계와 인식에 미치는 영향을 깊이 있게 논의할 필요성을 강조하며, 사회적 책임과 윤리적 기준을 재정립해야 하는 이유를 제시한다.

성적 유아론의 문제점: 인간의 사물화와 사물의 인간화

성적 유아론의 구체화가 문제가 되는 이유는, 성적 행위의 주체가 자기 자신이 아닌 사람이나 사물을 자신의 목적에 맞게 얼마든지 사용 가능한 자원으로 인식하는 데서 출발하기 때문이다(Langton, 1995, 151쪽). 이는 단순히 사물을 인간화하는 것에 그치지 않고, 동시에 인간을 사물화하는 결과로 이어질 수 있다.

이러한 인식은 타자의 존재를 하나의 독립된 인격체로 존중하기보다는, 자신의 욕망을 충족하기 위한 수단으로 전락시키는 위험을 내포한다. 성적 유아론은 인간관계의 본질을 왜곡하고, 상호 존중과 이해가 결여된 관계를 조장할 수 있다.

리얼돌과 섹스로봇은 그 목적과 표현 자체가 인간의 성행위와 모습을 그대로 모사하는 데 있다. 또한 이러한 사물화된 인간의 외형에 사용자의 취향에 맞는 성적 행위를 실행하는 것이 가능하기 때문에, 이러한 도구의 사용은 "사물을 사람처럼 취급하는 유아론이 사람을 사물처럼 취급하는 유아론으로 이어질 수 있는" 문제로 나타날 수 있다(윤지영, 2020, 34쪽; Langton, 1995, 153쪽). 이는 사회적, 윤리적 차원에서 심각한 문제를 야기할 수 있으며, 섹스로봇과 같은 성적 인공물의 사용이 인간의 가치와 관계에 미칠 영향을 재평가해야 할 필요성을 강조한다.

리얼돌과 섹스로봇의 제작과 사용을 반대하는 측에서는 이러한 도구의 사용이 단순히 성적 욕구를 해결하는 것에 그치지 않는다고 지적한다. 성적 욕구라는 수식어 아래 자신의 성적 욕망만을 우선시하고, 그것을 실현하는 과정에서 행위의 대상이 되는 존재의 취향이나 욕구를 실재하지 않는 것으로 여긴다는 점이 문제로 지적된다. 즉 성적 행위 안에서의 불평등한 관계를 인정하고 허용하는 점이 감춰져 있다는 것이다.

물론 우리가 염두에 둬야 할 점은 자위행위 그 자체가 성행위의 유형에 해당하지 않는다는 견해도 있다는 것이다. 이 견해에 따르면, 성행위가 다른 누군가와의 성적 상호작용을 포함한다고 정의된다면, 리얼돌이나 섹스로봇을 사용하는 자위행위는 상호작용에 필요한 '누군가'의 존재를 결여하기 때문에 성행위로부터 발생할 수 있는 문제점을 공유하지 않게 된다(Migotti & Wyatt, 2016, 21쪽). 따라서 성적유아론으로부터 발생되는 문제는 섹스로봇 상용화의 문제에서 벗어나 있게 된다.

성적 유아론과 섹스로봇: 인간 사물화의 위험성

윤지영과 비슷한 관점에서 '안티 섹스로봇 캠페인(Anti-sex robot campaign)'을 벌이고 있는 캐슬린 리처드슨(Kathleen Richardson)은 섹스로봇의 사용이 인간을 사물화하는 데 일조할 것이라고 주장하며, 그 근거로 매춘과의 유사성을 언급한다. 그녀에 따르면,

> 매춘은 평범한 활동이 아니며, 사람을 쾌락을 위한 도구로 사용할 수 있는 능력에 의존하고 있고, 바로 이 때문에 성매매 로봇과 성매매는 이러한 점에서 유사점을 갖는다(Richardson, 2016, 290쪽).

리처드슨의 관점에서 섹스로봇과 성매매의 유사성은, 돈을 가진 성 매수자가 자신의 성적 욕망에 따라 행위를 요구하고, 행위의 당사자는 이를 받아들일 수밖에 없는 불평등한 관계를 의미한다. 마찬가지로, 리얼돌과 섹스로봇의 사용은 능동적인 사용자가 수동적인 기계를 이용해 자신의 쾌락만을 목적으로 행위하게 되고, 그 대상의 욕구와 존재를 실재하지 않는 것으로 여기게 되는 유사성을 지닌다.

결국 리얼돌과 섹스로봇의 개발과 사용은 사용자의

성적 유아론을 구체화하고, 결과적으로 인간관계의 불평등성을 실재적으로 구체화하며, 인간의 사물화로 이어질 위험이 있다는 것이 이들의 주요 논지다. 이러한 성적 유아론의 구체화와 사물화 문제는 다시 여성의 성적 상징성을 왜곡하는 요인이 되기도 한다.

물론, 데이비드 레비(David Levy)와 같은 사람들은 섹스로봇이 성매매를 대체할 수 있는 긍정적 수단이 될 수 있다고 주장하지만, 본 글에서는 레비와 리처드슨의 관점을 비교, 평가하지 않는다(Levy, 2007). 이는 성매매가 여전히 성적 취향 및 욕구의 실재성과 상호작용이 결여된 불평등한 관계를 내포하고 있기 때문이다. 이 글의 목표는 섹스로봇 반대 논증의 특징을 드러내는 데 있다.

왜곡된 상징성과 성적 유아론

랭턴(Rae Langton)에 따르면, 여성을 대신하는 사물에는 실제 여성이 갖는 몇 가지 특징들이 반영돼 있다(Langton, 1995, 152쪽; 윤지영, 2020, 32쪽). 여기서 '대신한다'는 의미는, 사회적으로 여성이 행하는 모든 행위들로부터 찾을 수 있는 특성을 의미하지 않는다. 오로지 남성의 관점에서 성행위 시에 여성에게 기대하는 행위만을 일컫는다.

이러한 사물에는 성적 욕구를 해소할 수 있는 대상으로서 기대되는 일종의 상징적 의미가 담겨 있다. 그러나 이러한 상징성은 본래 여성이 가지고 있던 것이 아니라, 행위와 외형의 모사를 통한 사물화의 과정과 성적 유아론이 결합해 나타난 왜곡된 상징성을 의미한다.

섹스로봇과 같은 성적 도구를 사용하게 되면, 결과적으로, 리얼돌과 섹스로봇의 사용 목적에 의해 만들어진 성적 판타지에 기반한 상징성은 실제 인간에게 옮겨 가게 된다. 이는 인간의 성적 경험과 관계에 왜곡된 인식을 심어 줄 수 있으며, 성적 인공물이 인간의 사회적 가치와 윤리에 미치는 영향을 다시금 검토해야 할 필요성을 제기한다.

윤지영은 이에 대해 다음과 같이 말한다.

> 리얼돌에게 부여된 사람과 같은 특성들이란 과연 무엇인가? 그것은 여성의 수용성, 수동성, 무해함이자 성적 욕망의 배출소라는 기능성을 가리킨다. 그리하여 리얼돌은 남성의 비대한 자아에 그 어떠한 타격도 줄 수 없는 남성적 나르시시즘의 방어기제로 기능하게 되는 것이다. 이를 통해, 섹슈얼리티라는 성적 실천의 장을 독백적 자아의 메아리로만 채우는 행위이자 자아 팽창의 욕구로만 환원하는 것이라 할 수

있다. 이러한 관점에서 리얼돌은 지배의 에로티시즘이라 할 수 있다. 리얼돌은 여성 신체 형상에서 동의와 저항, 거부의 가능성을 삭제, 소거한 후, 수용적 신체를 여성의 기본형으로 놓는 인식 왜곡의 장소임과 동시에, 이러한 폭력적 인식을 실현해 나가는 것을 남성 성욕의 기본적 절차이자 권력의 감각으로 구축해 낸다(윤지영 2020, 33~34쪽).

사물에 부여되는 상징적 의미가 사용자의 기호에 맞게 구성되는 과정을 거치면서, 본래 사물의 모델이 됐던 인간이 사물이 갖는 특성을 다시 가지게 되는 것이다. 즉 이러한 성적 유아론에 입각한 사물화의 과정을 통해 사물이 갖는 특징 – 성행위에서의 여성성 혹은 남성성 – 을 다시 사람을 재정의하는 데 사용하게 된다(MacKinnon, 1993, 25~26쪽).

이러한 재정의를 지적하는 이유는, 재정의 문제가 단순히 리얼돌에 대한 2심 재판부가 판단했던 것처럼 사적인 영역에만 머무는 것이 아니기 때문이다.

리얼돌과 섹스로봇의 사회적 영향

리얼돌이나 섹스로봇을 사용하는 것은 단순히 사적인 영역에만 국한되지 않는다. 이러한 인공물들은 사용자의 기호에 맞게 제작되며, 다양한 종류로 구매할 수 있는 능력과 신체 부위를 취향에 맞게 제작할 수 있는 능력을 제공한다. 사용 후기의 공개는 전시욕, 과시욕, 그리고 공유 문화를 자연스럽게 형성하게 된다(윤지영, 2020, 35~42쪽). 이는 도구를 이용한 성행위가 단순한 사적 영역의 자위 형태를 넘어, 집단적 유희와 과시로 이어질 수 있음을 의미한다.

리얼돌과 섹스로봇의 제작과 사용에 반대하는 사람들은 이러한 사물화의 모델이 되는 존재를 주로 여성으로 한정해 이야기하지만, 이 글에서는 성별을 특정하지 않고 모사의 모델이 되는 '인간'으로 대체해 논의를 진행한다. 이는 성적 도구의 사용이 남성과 여성 모두에게 나타날 수 있는 문제로, 도구를 이용한 쾌락 추구와 성적 기호에 맞는 도구의 선택, 제작, 후기 공유 등의 특징을 강조하기 위함이다.

우리가 앞서 살펴봤던 리얼돌에 대한 2심 재판부의 의견처럼 리얼돌의 수입 허가 및 상용화의 문제는 단순히 개인의 성적 자유를 보장하는 것에 그치지 않으며, 국가의 사적 영역 개입 문제도 아니다. 이는 인간에 대한 불평등하고 왜곡된 의미의 확대 문제로 바뀌게 된다. 이러한 관점에서는 리얼돌과 섹스로봇과 같은 인공물이 단순한 도구적 지위를 넘어서, 인격의 침해를 구체화하는 장치로서의 지위를 갖게 된다.

결국, 이러한 인공물의 사회적 영향은 성적 자유와 윤리적 책임 사이의 균형을 재고할 필요성을 제기하며, 성적 인공물이 사회적 가치와 윤리에 미치는 영향을 깊이 있게 탐구하는 것이 더욱 중요해진다.

섹스로봇과 성적 유아론: 사회적 위협의 가능성

앞서 검토한 바에 따르면, 섹스로봇이 갖는 문제는 다음과 같다.

1) 섹스로봇은 오로지 자신의 욕망만을 실재하는 것으로 여기는 성적 유아론을 구축하는 장치다.

2) 성적 유아론적 관점에서 보면, 성적 대상의 욕망과 관점의 실재성이 제거된다.

3) 만일 2)라면, 이는 인간의 인권을 침해하는 것으로 이어진다.

따라서, 이러한 인공물의 제작과 사용은 반드시 막아야 한다.

이와 같은 문제가 실제로 발생한다면, 섹스로봇의 상용화 문제는 잠정적으로 인간을 성적 욕망과 관점의 실재성이 모두 제거된 무자비한 성적 폭력의 피해자로 만들 가능성을 낳게 된다. 이는 심각한 사회적 위협이 될 수 있다. 정리하자면, 섹스로봇이 인간의 욕망을 충족하기 위해 설계된 도구로서, 타인의 욕망과 관점을 무시하고 자신의 욕구만을 실현하는 데 집중하게 되는 위험을 내포하고 있다.

그런데 여기서 의문이 생긴다. '성적 유아론을 구축하는 장치'로서의 의미는 과연 어디에서 기인한 것일까?

섹스로봇의 기능적 관점과 성적 유아론의 의미

앞서 던져진 질문에 대해, 섹스로봇의 기능적 관점에 초점을 맞춰 접근하면, 이 AI 로봇은 '사람들과 섹스를 목적으로 설계되고 프로그래밍된 로봇'을 의미한다(Bendel, 2017, 18쪽; 김태경, 2019, 71쪽). 이러한 정의는 섹스로봇을 지칭하는 데 문제가 발생하지 않으며, 상용화를 찬성하는 측과 반대하는 측 모두 이 점에 동의할 것이다.

이 정의에 기반한 섹스로봇의 본래 모습과 기능에만 초점을 맞추게 되면, 성적 유아론을 구축하는 장치로서의 지위는 사라지게 된다. 섹스로봇은 사용자에게 성적 욕구를 충족하는 도구로 기능하는 본래적 역할만 가지기 때문이다.

섹스로봇의 부정적 의미와 상징적 결과 논증

그렇다면, 섹스로봇과 리얼돌에 부정적 의미가 어떻게 부여됐는지에 대한 의문이 생긴다. 다나허의 분석에 따르면, 리얼돌이나 섹스로봇의 제작과 사용을 반대하는 진영의 논증은 실재적 근거에 의해 뒷받침되는 것이 아니라, 임의의 누군가에 의해 부여된 상징적 의미에 기반하고 있다(Danaher & McArthur, 2017, 107쪽). 다나허에 따르면 이러한 논증의 구조는 다음과 같다.

1) 리얼돌과 섹스로봇과 같은 인공물은 윤리적으로 문제가 되는 성규범(의식)을 상징적으로 보여 준다.

2) 만일 1)이라면, 이러한 인공물의 개발과 사용은 부정적인 결과를 초래하게 된다.

3) 따라서 이러한 인공물의 개발과 사용은 부정적인 결과를 초래하므로, 우리는 이에 대한 조치를 취해야만 한다.

리얼돌과 섹스로봇이 '문제가 되는 성규범' 혹은 '성적 유아론을 구체화하는 장치'라는 의미를 가지게 된 그 구체적이고 실체적인 원인은 명확하지 않다. 실제로 이러한 인공물은 인간과 같은 자율성을 가진 존재가 아니기에 스스로 의미를 부여하고 공표하지 못한다. 이러한 인공물의 사용이 윤리적으로 문제가 되는 결과를 초래했는지도 아직 명확히 알려지지 않았다.

다나허에 따르면, 위와 같은 논증은 임의적이고 우연적인 상징적 의미에서 출발하는 상징적 결과 논증(Symbolic Consequence Argument)에 해당한다. 상징적 결과 논증이란 특정한 현상이나 사물에 대해 임의적으로 긍정 혹은 부정의 의미를 부여하고, 이로부터 그 현상이나 사물과 관련된 행위의 결과가 해당 상징성으로부터 도출된다는 주장을 담고 있다.

이러한 분석은 섹스로봇과 리얼돌에 대한 부정적 인식이 어디서 기인하는지를 이해하는 데 중요한 시사점을 제공한다. 이는 인공물이 실제로 어떤 결과를 초래하는지를 객관적이고 실증적으로 평가할 필요성을 강조하며, 윤리적 논의가 보다 근거 중심적으로 이뤄져야 함을 시사한다.

섹스로봇의 부정적 상징성과 해석의 기원

섹스로봇은 인간에 대한 태도나 우리가 갖는 일반적인 성규범에 반하는 모습을 상징적으로 보여 줄 수 있다. 즉, 부정적 의미를 상징적으로 나타내고 있다고 할 수 있다. 리얼돌과 섹스로봇을 반대하는 측에서는 이러한 부정적 상징성이 필연적으로 부정적 결과를 초래할 것이라는 논증을 제시한다.

앞서 언급했듯이, 이러한 부정적 상징성은 특정한, 하지만 대체로 근거가 있는, 예를 들면 유사성과 같은 해석에서 출발한다. 이러한 인공물에 대한 해석은 리처드슨이나 윤지영의 논증에서 확인할 수 있듯이, 실제 사람과 이들이 보여 주는 행위의 유사성이 반영된 결과다. 이처럼 상징적 결과 논증은 특정한 사물이나 현상에 대해, 대체로 권위를 가진 누군가가 유사성에 기반한 해석을 내놓으면서 논의가 시작되는 특징이 있다(Danaher, 2017, 112~123쪽).

하지만 물리적 행위와 모습의 유사성이 의미의 동일성을 함축하는 것은 아니다. 예를 들어 어린아이가 나무 막대기를 휘두르는 모습이 로마의 검투사와 비슷하다고 해서 이 둘의 행위와 목적이 동일한 의미를 지니지 않는다. 우리는 이러한 행동을 동일한 의미로도 인식하지 않는다. 또한, 어린아이의 이러한 모습을 즐거워하는 부모와 검투사들의 싸움을 즐거워하는 로마 시민들의 반응이 동일한 의미를 가진다고 볼 수도 없다.

이러한 예시는 섹스로봇 논의에서 물리적 유사성이 반드시 윤리적 또는 사회적 의미의 동일성을 의미하지 않음을 시사한다. 섹스로봇의 사용이 인간의 성적 경험과 관계에 미치는 영향을 논의할 때, 외형적 유사성만으로는 충분하지 않으며, 그로 인한 사회적, 윤리적 함의를 깊이 있게 고려해야 한다.

따라서 섹스로봇과 같은 인공물의 사회적 영향과 윤리적 의미를 평가할 때, 단순한 외형적 유사성을 넘어 맥락과 목적을 이해하는 포괄적인 접근이 필요하게 된다.

상징적 결과논증에 대한 다나허의 해석은 섹스로봇이 사회적 가치와 윤리에 어떤 도전을 제기하는지를 이해하는 데 중요한 역할을 한다. 이는 섹스로봇의 상용화와 사용이 인간의 성적 경험과 관계에 미칠 영향을 객관적이고 실증적으로 평가해야 할 필요성을 강조한다. 나아가, 윤리적 논의가 보다 근거 중심적이고 포괄적으로 이뤄져야 함을 시사한다. 다음에서 이를 더 자세히 알아보자.

참고문헌

김태경(2019). "섹스로봇(Sex robot)의 상용화가 갖는 윤리적 문제와 윤리적 정당성 확보에 대하여". 《철학논총》, 95, 69~85쪽.

김태경(2020). "리얼돌과 섹스로봇의 상징성 문제". 《과학철학》, 23(3), 61~86쪽.

윤김지영(2019.8.12). "리얼돌". 아이즈.

https://www.ize.co.kr/news/articleView.html?idxno=24953
윤지영(2020). "리얼돌, 지배의 에로티시즘". 《문화와 사회》, 28(1), 7~68쪽.

Bendel, O.(2017). Sex Robots from the Perspective of Machine Ethics. In Cheok, A. D. et al.(eds.). *Love and Sex with Robots(LSR 2016)*. pp.17~26. Springer.

Danaher, J. & McArthur, N.(2017). *Robot Sex: Social and Ethical Implications*. The MIT Press.

Langton, R.(1995). Sexual Solipsism. *Philosophical Topics, 23*(2), pp.149~187.

Levy, D.(2007). *Love and Sex with Robots: The Evolution of Human-Robot Relations*. HarperCollins Publishers.

MacKinnon, C.(1993). *Only Words*. Harvard University Press.

Migotti, M. & Wyatt, N.(2017). On the Very Idea of Sex with Robots. In Danaher, J. & McArthur, N.(eds.). *Robot Sex: Social and Ethical Implications*, pp.15~27. MIT Press

Richardson, K.(2016). The Asymmetrical 'Relationship'. *ACM SIGCAS Computers and Society, 45*(3), pp.290~293.

07
섹스로봇에 대한 성 규범의 상징성과 의미 부여의 주관성 문제

외형적 모습과 행위가 상징하는 의미는, 그것이 매우 유사하다 할지라도, 그 실재성과 의미의 부여가 누구에 의해, 어떻게 만들어지느냐에 따라 확연히 다르게 인식될 수 있다. 즉, 문제가 되는 상징성은 모두가 공통적으로 확인할 수 있는 객관적인 근거에서 출발하는 것이 아니라, 임의적이고 우연적인 의미 부여에 따라 만들어질 수도 있다. 이러한 관점은 섹스로봇과 같은 인공물이 사회적, 윤리적 차원에서 어떻게 해석될 수 있는지를 다시 생각하게 한다.

AI와 애니메이션?

상징적 의미의 본질과 그 변화

파푸아 뉴기니의 포레족에서 나타난 쿠루병 발병 사례는 상징적 의미의 임의성과 우연성을 명확히 보여 준다. 1950~1960년대 포레족은 신경세포가 파괴돼 근육 마비와 전신 경련을 일으키는 특이한 질병에 시달렸다. 환자들은 경련으로 인해 얼굴 근육을 제대로 사용할 수 없어 웃는 모습을 보이다가 결국 사망에 이르게 됐다.

1976년, 칼튼 가두색은 이 병의 원인을 조사해, 단백질 프리온의 변형—동종이 동종을 음식으로 섭취할 때 발생하는 광우병의 한 종류—이 원인임을 밝혀냈다. 포레족은 1890년대부터 사망한 가족의 시체를 부족의 여성들과 아이들이 나눠 먹는 풍습을 가지고 있었는데, 이는 사람의 시체를 먹으면 그의 생전의 기억과 영혼을 공유할 수 있다는 믿음 때문이었다. 즉 망자를 존중하는 긍정적 상징성을 갖는 행위였다.

그러나 자신들이 앓고 있는 질병의 원인이 바로 이 풍습 때문이라는 것을 알게 되자, 포레족은 더 이상 이러한 장례 문화를 지속하지 않게 됐다. 즉 긍정적 의미의 상징성이 실재적 증거—부정적 결과—에 의해 부정적 의미로 탈바꿈하게 된 것이다. 이들이 식인 풍습을 긍정적으로 해석한 명확한 원인은 알려지지 않았지만, 아마도 권위 있는 누군가의 임의적 해석에 의해 그 긍정적 의미가 장례 의식과 식인 행위에 부여됐을 것이다.

이 사례는 상징적 의미가 실재적 증거에 의해 어떻게 변화할 수 있는지를 보여 주며, 섹스로봇과 같은 현대적 논의에서도 상징적 의미의 해석이 어떻게 이뤄지고 있는지를 재고할 필요성을 강조한다.

상징적 결과 논증과 섹스로봇의 부정적 의미

다나허에 따르면, 안티 섹스로봇 캠페인이 주장하는 부정적 상징성은 실재적 증거에 기반한 의미가 아니라, 임의적이고 우연적으로 부여된 상징적 의미에 해당한다. 현재까지 이러한 부정적 의미가 실재적 증거로부터 기인했음을 명확히 설명할 수 있는 자료가 부족하다. 즉 섹스로봇 사용이 반대론자들이 주장하는 '인간성의 훼손'이나 '성적 유아론'을 구축하는 장치로서의 역할을 한다는 실증적 증거가 결여돼 있다는 것이다(Danaher, 2017, 107쪽).

섹스로봇 반대론자들은 임의적으로 부여된 '부정적 상징'에 근거해 섹스로봇의 위험성을 예측하고 있을 뿐이다. 또한 앞서 언급한 바와 같이, 섹스로봇의 사용 후기는 대체로 도구를 통해 얻은 개인의 쾌락 만족도에 불과하며, 이는 다른 성인용 장난감(sex toys)의 사용 후기와 크게 다르지 않다. 따라서 반대론자들이 제기하는 부정적 의미의 실재적 결과는 확인되지 않는다.

그렇다면 리얼돌과 섹스로봇의 상용화에서 문제가 되는 상징성은 임의적으로 부여된 의미에 기반한 '상징적 결과 논증(a symbolic consequence argument)'에 해당한다. 섹스로봇과 관련된 잠재적 우려들은, 즉 현재의 부정적 의미의 상징성은 긍정적 결과에 의해 얼마든지 바뀔 수 있다는 말이다. 이는 상징적 의미가 사회적 · 윤리적 맥락에서 어떻게 변화할 수 있는지를 이해하는 데 중요한 통찰을 제공하며, 섹스로봇과 같은 인공물에 대한 논의가 보다 근거 중심적으로 이뤄져야 함을 시사한다.

실험적 접근성의 필요성과 섹스로봇 상용화의 가능성

우리가 섹스로봇에 대한 윤리적 평가 문제에서 주목해야 할 점은, 섹스로봇에 내재된 문제가 되는 상징은 많은 실재적 결과에 의해 제거될 수 있다는 것이다. 만일 상징적 결과 논증을 받아들인다면, 궁극적으로 중요한 것은 그러한 상징이 야기하는 실재적 결과다(Danaher,

2017). 그러나 상징적 결과 논증 안에서 그러한 결과를 확인하기는 쉽지 않다. 이러한 이유로 다나허는 리얼돌과 섹스로봇의 상용화 문제는 단순히 우연적이고 임의적인 상징성에 의존하기보다는 점진적인 실험적 접근법이 필요하다고 강조한다.

이러한 관점에서 보면, 리얼돌과 섹스로봇이 갖는 부정적 상징성과 별개로, 이들을 상용화했을 때의 긍정적 결과를 확인할 수 있다면, 이러한 부정적 상징성은 쉽게 제거될 가능성이 있다. 레비가 주장하는 매춘과의 유사성과는 별개로, 다른 관점에서 이러한 인공물에 대한 실험적 접근을 시도해야 한다는 주장이 있다. 예를 들어, 헤로인 치료를 위해 메타돈을 사용하는 것처럼, 소아성애가 질병이라면 이러한 질병의 치료를 위해 아동 섹스로봇의 개발은 시도해 볼 만한 일이라는 주장도 있다 (Prigg, 2014).

물론, 필자나 다나허가 섹스로봇의 상용화가 그 부정적 상징성을 제거할 수 있는 긍정적 결과를 반드시 가져올 것이라고 주장하는 것은 아니다. 이 논의에서 중요한 점은 섹스로봇 상용화를 반대하는 논증의 출발점이 임의적이고 우연적인 상징성에 기반하고 있음을 지적하는 데 있다.

따라서 우연적인 상징성에 근거해 전면적으로 반하거나, 예측되는 긍정적 측면만을 강조해 전면적으로 허용하는 것보다는, 실험적 접근법과 같은 제한적 허용을 통해 실제로 어떠한 결과가 나타날지를 지켜보는 것이 더 적절한 접근법이 될 수 있을 것이다.

이는 리얼돌이나 섹스로봇에 대한 현재까지의 행위가 갖는 상징적 의미가 우연적이며, 실제 상징성과 무관하게 어떤 영향을 미칠지는 창발적(emergent)일 수 있기 때문이다. 따라서, 성적 인공물의 사회적, 윤리적 영향을 평가하기 위해서는 보다 객관적이고 실증적인 접근이 필요하다.

이러한 논의는 오히려 섹스로봇과 같은 성적 인공물의 사회적 · 윤리적 의미를 보다 객관적이고 실증적으로 이해할 필요성을 강조한다. 이는 성적 인공물의 상용화가 개인과 사회에 미칠 긍정적 · 부정적 영향을 균형 있게 평가하고, 책임 있는 기술 개발과 사용을 위한 방향성을 모색하는 데 중요한 기여를 할 것이다.

이제까지 우리는 섹스로봇의 상용화를 반대하는 진영이 갖는 논증을 다나허의 분석에 기초해 비판적으로 검토했다. 이를 통해 이들의 논증이 우연적이고 임의적인 상징성에 기반한 상징적 결과 논증에 해당함을 확인했다. 이제 우리는 상징적 결과 논증이 발생하는 이유가 사물이나 행위가 갖는 다의적이고 우연적인 상징적 의미를 일의인 기호적 의미로 혼동할 때 발생하게 된다는 것을 앞으로의 논의를 통해 확인하게 될 것이다.

참고문헌

김태경(2020). "리얼돌과 섹스로봇의 상징성 문제". 《과학철학》, 23(3), 61~86쪽.

Danaher, J. & McArthur, N.(2017). *Robot Sex: Social and Ethical Implications*. The MIT Press.

Prigg, M.(2014). Could Child Sex Robots be Used to Treat Paedophiles?. Daily Mail. https://www.dailymail.co.uk/sciencetech/article-2695010/Could-child-sex-robots-used-treat-paedophiles-Researchers-say-sexbots-inevitable-used-like-methadone-drug-addicts.html

08
섹스로봇 논쟁 해석

섹스로봇을 반대하는 진영에서는 섹스로봇이 성적 유아론을 구체화하고 인격체의 가치를 훼손하는 사물로서의 의미를 가진다고 주장한다. 그러나 이러한 부정적 상징성을 고려하지 않더라도, 이들의 논증은 사물이나 현상이 갖는 다의적 측면 중 하나만을 강조하고 있다는 문제가 있다.

AI와 인재 채용?

섹스로봇과 매춘 그리고 유사성 문제

섹스로봇의 상용화를 찬성하는 데이비드 레비(David Levy)는 반대 진영의 캐슬린 리처드슨(Kathleen Richardson)과 마찬가지로, 이러한 인공물에 대한 성적 행위와 사람의 매춘 행위가 갖는 유사성에 근거해 긍정적 의미를 부각한다. 레비에 따르면, 리얼돌이나 섹스로봇과 같은 인공물들은 매춘의 세 가지 동기 – 즉 다양성, 복잡성과 제약의 결여, 그리고 이성과의 관계 실패 경험 – 를 만족시킬 수 있는 좋은 대안이 될 수 있다고 주장한다(Levy, 2007; 2017).

물론 우리 사회에서 매춘은 사람을 누군가의 쾌락을 위한 도구로 삼는다는 점에서 비도덕적이며, 사람의 기본권을 침해한다는 점에서 법률 위반에 해당하는 것이 사실이다. 하지만 매춘을 선택하는 사람의 경우, 그들은 보다 많은 사람들과의 성관계를 원하고(다양성), 성행위에 이르기까지 친밀감, 감정의 교류, 상호 간의 배려 등 복잡한 절차를 거쳐야 한다는 것을 부담스러워하며(복잡성과 제약), 과거 이성과의 관계 실패 경험이 트라우마로 자리 잡은 경우(이성과의 관계 실패 경험), 정상적인 성관계가 어려워 보다 수월한 방법을 통해 성욕을 충족하고자 한다. 하지만 앞서 언급했듯이 매춘은 비도덕적이며 법률 위반에 해당한다. 사람을 도구로 이용하지 않고, 인간의 기본권을 해치지 않는 상태에서 매춘으로부터 얻을 수 있는 이점을 얻을 수 있는 방법이 있다면, 즉 매춘이 아닌 도덕적으로나 법률적으로나 허용 가능한 성행위 방법이 존재한다면, 이는 충분히 고려할 만한 사항이 될 수 있다. 섹스로봇은 이러한 조건을 충족하기에 적절한 도구라는 것이 바로 레비와 같은 관점을 지닌 사람들의 생각인 것이다.

이러한 논의는 각기 다른 관점이 제시하는 다양한 해석을 통해, 섹스로봇의 상용화가 인간의 성적 경험과 사회적 관계에 미칠 영향을 균형 있게 평가하고, 책임 있는 기술 개발과 사용을 위한 방향성을 모색하는 데 중요한 기여를 할 수 있다.

인격체로부터 성적 쾌락의 분리: 섹스로봇 논쟁의 핵심

리얼돌이나 섹스로봇과 같은 인공물이 매춘의 동기를 만족시킬 수 있는 이유는 감정적 교감 없이, 즉 인격체의 개념이 전제되지 않은 채 성행위만을 나누고 육체적 및 정서적 만족을 얻는 것이 가능하기 때문이다. 레비는 이러한 유사점과 긍정적 측면을 강조하지만, 이는 매춘을 옹호하거나 찬성하는 것이 아니다. 그는 성적 쾌락과 사랑의 감정을 분리해 바라볼 필요가 있음을 강조하고 있는 것이다.

다시 말해, 사랑과 같은 감정적 교감 없이도 인간은 성행위만을 통해 만족을 얻을 수 있다는 것이다(Loebner, 1998). 레비는 "어느 누구든 자주 혹은 아주 드물게 매춘의 경험이 있는 경우, 그들은 매춘을 통해 매우 긍정적인 경험을 얻게 된다. … 실제의 사랑과 같은 감정 없이 성행위만을 나누고 이로부터 만족을 얻는 것이 가능할 수 있다"라고 주장한다(Levy, 2017).

우리가 주의 깊게 보아야 할 것은 레비의 주장이 리얼돌과 섹스로봇이 매춘 산업을 활성화하거나 인간의 성적 유아론을 구체화하는 장치로서 작동할 수 있음을 함축하지 않는다는 것이다. 대신, 성적 쾌락이 사랑 혹은 인격체의 개념으로부터 분리될 수 있으며, 긍정적인 결과를 가져다주고, 이것이 실천적인 차원에서 확인 가능하다면, 이 인공물들은 부정적 상징이 아닌 긍정적 의미를 가질 수 있다는 점이다.

이로 인해 외모와 역할의 유사성이 반드시 부정적 의미의 상징성만을 가지는 것은 아니며, 긍정적 의미의 상징성도 가질 수 있다는 것을 짐작해 낼 수 있다. 하지만 아직 이러한 인공물들의 현 발전 단계에서는 어떠한 긍정적 혹은 부정적 결과를 정확히 예측하기 어렵기 때문에, 어느 한쪽 논의가 우위를 점한다고 단정하기는 어렵다.

주목해야 할 점은, 서로 반대되는 상징에 근거해 평행을 달리는 논쟁이 존재한다는 것이다. 중요한 것은 어느 진영이 더 실천적 논의에 가깝다는 것을 찾아내는 것이 아니라, 임의적이고 우연적인 해석에 따른 상징적 의미가 가변적이고 불확실하다는 점을 인식하는 것이다. 이러한 평행선 논쟁은 사물이나 현상에 대한 상징적 의미의 해석을 기호적 의미의 해석으로 간주할 때 발생한다는 점을 이해하는 것이 중요하다.

상징적 의미의 한계: 섹스로봇 논쟁의 해석

사물이나 현상에 대한 해석은 다양하게 이뤄질 수 있다. 리얼돌과 섹스로봇의 상용화 문제에서, 특히 반대하는 측에서 나타난 이들 인공물의 의미는 다음과 같다.

1. 성적 유아론을 구축하는 장치
2. 사물의 인간화를 통해 인간의 사물화를 실현시키는 장치
3. 인격의 훼손을 의미하는 장치

앞서 우리가 검토한 바에 따르면, 이러한 의미들은 전형적인 상징적 의미에 해당한다. 필자가 보기에 상징적 의미가 문제가 되는 이유는 임의성과 우연성을 가지면서도, 한 방향으로만 의미가 통하는 관계에 있기 때문이다. 이러한 해석은 주관적이며, 때로는 우연에 기반한다. 상징적 의미의 해석은 사물이나 현상 그 자체와 이에 대한 해석이 상호 교환될 수 없다는 특징을 가진다. 즉, 사물 그 자체나 사물을 가지고 하는 행위에 대한 해석일 뿐이며, 이러한 행위를 야기하는 원인이나, 그것과 동의어가 될 수 없다는 점이다.

기호적 의미와 상징적 의미의 차이: 섹스로봇 논쟁의 해석

기호적 의미에 의한 해석은 어떤 것의 성질을 있는 그대로 나타내며, 해당 사물과 해석의 의미가 서로 교환 가능하다. 즉 주어 항과 술어 항의 위치를 바꿔도 의미의 변화가 일어나지 않는다. 예를 들어, "담배는 건강의 위험 요소다"라는 명제를 생각해 보자. 흡연을 즐기는 사람이나 그렇지 않은 사람 모두 담배의 유해성에 대해 알고 있다. 담배가 건강을 유지하는 데 부정적인 영향을 미친다는 것은 경험에 의해 입증됐기 때문에, 담배를 줄이려는 행위는 그 유해성으로부터 온다. 따라서 "건강의 위험 요소는 담배다"라는 명제도 같은 의미를 갖는다.

이와 반대로, 섹스로봇과 같은 인공물이 갖는 부정적 의미는 부정적 행위를 야기하는 원인이 될 수 없다. 사적 공간에서의 쾌락 추구가 반드시 우려되는 부정적 의미의 상징성을 내포하지 않기 때문이다. 또한 이러한 우려되는 부정적 상징성과 사적 쾌락 추구는 서로 동등한 의미를 가지지 않는다.

이러한 차이는 상징적 의미가 사물이나 현상의 본질을 충분히 설명하지 못하며, 다양한 해석의 가능성을 열어 둬야 한다는 것을 시사한다. 이는 섹스로봇과 같은 성적 인공물이 사회적 · 윤리적 차원에서 어떤 의미를 가질 수 있는지를 이해하는 데 중요한 역할을 하며, 보다 포괄적이고 실증적인 접근을 통해 논의해야 할 필요성을 강조한다.

사고와 기호: 섹스로봇의 의미

찰스 샌더스 퍼스(Charles Sanders Peirce)의 기호적 의미에 대한 정의를 통해, 우리는 섹스로봇과 같은 인공물에 대한 접근에서 중요한 관점을 취할 수 있다. 퍼스에 따르면, 단순한 사고(thought)는 그 자체로는 아무런 성질이나 부분을 가지지 않기 때문에 의미를 갖지 않는다. 사고가 의미를 갖는 것은 시간적으로 선후 관계에 놓인 다른 사고들과의 연결을 통해서만 해석되고 이해될 수 있다(퍼스, 2006).

사고에 대한 이해는 다른 사고들과의 '매개'를 통해 이뤄지며, 이 사고들은 사고 주체의 물리적 경험과 매우 밀접하게 연관돼 있다(노양진, 2016). 즉 사고의 의미는 다른 사고들과의 관계를 통해 형성된다.

기호의 의미는 해당 기호와 대상 사이의 관계가 해석자의 의식에서 어떤 방식으로 나타나는지에 따라 그 기반이 구축된다. 중요한 점은 이 기호가 반드시 그 대상을 표상해야 한다는 것이다. 즉 직접적인 지시대상(referent)을 가져야 하며, 이 대상은 사고의 과정에서 발생된 의미가 아닌, 그 기호가 직접적으로 가리키는 실재 대상을 의미한다.

이렇게 지시 대상과 기호 간의 지칭적 관계가 형성되면, 관련된 사고들과의 연결을 통해 기호의 의미가 해석되고 이해된다. 즉 해당 지시 대상과 관련된 사고들이 매개가 돼 기호의 의미를 형성해 간다. 따라서 퍼스에게 기호적 의미란 실재 사건들의 연결에 의한 것이 아닌 사고의 연결, 즉 마음의 사고 과정으로부터 만들어지게 되는 것이다.

이러한 관점에서 보면, 섹스로봇과 같은 인공물에 부여된 의미는 실재적 증거와의 직접적인 연결보다는, 해석자의 사고 과정과 경험을 통해 형성된다는 것을 이해할 수 있다. 이는 섹스로봇의 사회적, 윤리적 의미를 평가할 때, 다양한 해석의 가능성을 열어 두고 보다 포괄적인 접근을 통해 논의할 필요성을 강조한다.

기호적 의미와 경험: 섹스로봇의 해석

섹스로봇이 갖는 긍정적 그리고 부정적 의미는 모두 그 지시 대상과 관련된 사고로부터 얻어지므로, 이 둘 모두 기호적 의미를 가진다고 할 수 있다. 그러나 이러한 의미를 형성하는 사고들의 연결에서 중요한 점은 우리의 경험과 밀접한 관계를 지니고 있다는 것이다.

하나의 물리적 대상이 기호적 의미를 가진다는 것은 그 대상이 지닌 물리적 속성이 아니라, '기호화'라는 작업을 진행하는 우리의 경험에 의존해야만 가능하다는 것이다. 즉 지시 대상과 주체 사이의 물리적 관계로부터 의미가 부여된다. 퍼스가 기호적 의미의 형성에서 물리적 관계를 강조하는 이유는, 아마도 해당 기호의 의미를 물리적 층위에서 확보하는 것이 보편적 의미를 공유하는 데 안정적이기 때문일 것이다(노양진, 2016, 96~97쪽).

이러한 물리적 관계는 주체의 사고 안에 존재하며, 퍼스는 이를 '해석체(interpretant)'라고 칭한다. 주체는 자신의 경험 내용을 특정한 대상에 기호적으로 사상하며, 그 사상된 경험 내용의 '관점(in terms of)'에서 그 대상을 이해하고 경험한다(노양진, 2016, 97쪽). 따라서 기호적 의미는 그 의미를 이해하는 주체의 실재적 경험으로부터 독립될 수 없는 특징을 가지고 있다.

이러한 관점에서, 섹스로봇과 같은 인공물의 의미는 물리적 속성과 주체의 경험이 어떻게 연결되는지에 따라 형성된다. 이는 섹스로봇의 사회적 · 윤리적 의미를 평가할 때, 다양한 해석의 가능성을 열어 두고, 보다 포괄적이고 실증적인 접근을 통해 논의할 필요성을 강조한다.

기호적 의미와 경험: 섹스로봇의 기호적 의미와 상징적 해석

퍼스의 '기호' 개념을 섹스로봇 논의에 적용하면, 섹스로봇의 기호적 의미는 그 지시 대상으로부터 형성되기 시작한다. 이 단계에서는 긍정적 혹은 부정적 의미가 존재하지 않는다. 만약 섹스로봇이 기호로서 긍정적 의미와 부정적 의미를 가지게 된다면, 이는 실제 사용자들의 물리적 경험으로부터 그 의미가 형성돼야 한다.

하지만 현재까지 우리가 의존할 수 있는 경험적인 진술들은 대체로 사용 후기들 정도며, 이 후기들은 일반적인 다른 성 도구들의 후기와 내용상 크게 다르지 않다. 우리는 이에 대해 긍정적 의미의 상징성을 형성할 만한 물리적 경험들은 존재하지만, 우려되는 부정적 의미의 상징성을 형성할 만큼의 실재적 증거가 나타나는지는 아직 분명히 확인되지 않고 있다.

반면 해당 인공물을 퍼스가 제시한 기호적 의미를 제거한 채 상징적 의미로만 해석했을 경우, 경험적 증거들이 제거된 임의적인 의미만을 가지게 된다. 이는 앞선 절에서 지적했듯이, 의미에 대한 보편적 우위를 점하기 어려운 상황을 초래한다.

결론적으로, 섹스로봇과 같은 인공물의 의미를 평가할 때는 기호적 의미와 상징적 의미를 모두 고려해야 한다. 이는 성적 인공물이 사회적·윤리적 차원에서 어떤 의미를 가질 수 있는지를 보다 폭넓게 이해할 필요성을 강조한다.

기호적 의미와 경험: 섹스로봇의 상징성과 실재적 근거의 부재

섹스로봇에 대한 긍정적 혹은 부정적 의미의 상징성은 다른 상징적 의미의 대표격인 욱일기나 하켄크로이츠와는 본질적으로 다르다. 욱일기와 하켄크로이츠는 폭력과 억압, 그리고 민족의 우월성을 상징하는 명확한 실재적 사건들과 근거들이 존재한다. 이러한 상징물의 긍정적 측면을 강조하려 해도, 이를 무력화하고 제거할 수 있는 실제 사건들이 많다.

반면 리얼돌과 섹스로봇을 반대하는 측에서 내세우고 있는 상징성은 실재적 근거가 부족하다. 반대 진영의 부정적 상징성은 다의적인 상징적 의미에 의한 해석일 뿐, 일의적인 기호적 의미에 의한 해석으로 보기 어렵다.

따라서 리얼돌과 섹스로봇이 성적 유아론을 고취하거나 인간의 사물화, 인권의 침해를 전적으로 의미한다고 단정하기 어렵다. 이러한 부정적 의미는 실재적 증거의 부재로 인해 여전히 제거 가능하기 때문이다.

결론적으로, 섹스로봇과 같은 성적 인공물의 의미를 평가할 때는 실재적 근거와 기호적 의미를 고려한 보다 포괄적이고 실증적인 접근이 필요하다. 이는 성적 인공물이 사회적, 윤리적 차원에서 어떤 의미를 가질 수 있는지를 이해하는 데 중요한 역할을 하게 될 것이다.

참고문헌

노양진(2016). "퍼스의 기호개념과 기호해석". 《철학논총》, 83, 95~110쪽.

찰스 샌더스 퍼스(2006). 《퍼스의 기호 사상》. 김성도 옮김. 민음사.

Levy, D.(2007). *Love and Sex with Robots: The Evolution of Human-Robot Relations.* HarperCollins Publishers.

Levy, D.(2017). Sex With Robots: Yes!. ideacity. https://www.youtube.com/watch?v=Yx5L2LAJUSE

Loebner, H.(1998). Being a John. In Elias, J. et al.(eds.). *Prostitution: On Whores, Hustlers, and Johns.* pp.221~226. Prometheus Books.

09
섹스로봇에 대한 균형 잡힌 논의

섹스로봇을 둘러싼 논의는 긍정적인 측면과 부정적인 측면으로 나뉘어 있으며, 각 진영은 다양한 관점에서 이 인공물의 역할과 영향을 평가하고 있다. 긍정적인 입장은 섹스로봇이 성적 쾌락을 안전하고 윤리적으로 제공할 수 있는 수단이라고 주장하는 반면, 부정적인 입장은 성적 유아론을 조장하고 인간의 존엄성을 훼손할 수 있다고 경고한다. 이러한 논의는 단순히 찬반의 문제를 넘어, 기술과 윤리, 사회적 가치가 어떻게 상호작용하는지를 탐구하는 중요한 주제가 되고 있다.

AI와 기자?

섹스로봇에 대한 입장들: 긍정과 부정

지금까지 우리가 함께 검토한 바에 따르면, 섹스로봇과 리얼돌에 대한 논쟁은 그 긍정적 측면과 부정적 측면을 둘러싸고 진행됐다. 긍정하는 입장은 이 인공물들이 성적 욕구를 안전하게 해소할 수 있는 도구로서 긍정적인 역할을 할 수 있다고 본다. 그들은 이러한 인공물들이 인간의 성적 욕구를 충족하는 데 안전하고 효과적인 방법을 제공한다고 주장한다. 반면, 반대하는 측에서는 이 인공물들이 성적 유아론을 구체화하고, 인간을 사물화하는 장치로 작용한다고 보며, 이는 결국 인격체의 존엄성을 훼손할 수 있다고 주장한다. 이러한 주장은 섹스로봇이 부정적 상징성을 지니고 있다고 보며, 그 사용을 제한해야 한다는 입장을 취한다. 이들은 섹스로봇이 인간관계의 본질을 왜곡하고, 성적 행위의 도덕적 기준을 낮출 수 있다고 우려한다.

상징적 결과 논증의 한계

다나허(John Danaher)의 분석에 따르면, 이러한 반대 측의 논증은 임의적이고 우연적인 상징적 의미에 근거한 상징적 결과 논증에 해당한다. 이는 실증적 차원의 근거가 충분하지 않으며, 이러한 주장은 상징적 의미의 임의성과 우연성에 의존한다는 점에서 문제가 있다. 퍼스의 의미 이론을 통해, 이러한 상징적 의미가 왜 부적절한지를 설명할 수 있다. 상징적 의미는 사물 그 자체나 사물로부터 발생하게 될 현상과 그 의미를 상호 교환할 수 없으며, 실재적 근거에 의해 제거될 수 있는 것이다. 따라서 섹스로봇의 부정적 상징성을 강조하는 논증은 그 자체로 불완전하며, 보다 객관적이고 실증적인 검토가 필요하다. 이러한 관점은 상징적 의미가 실제 상황에 어떤 영향을 미치는지를 이해하는 데 중요한 통찰을 제공한다.

부정적 상징성의 사례

부정적 상징성에 의한 해석은 리얼돌과 섹스로봇 논쟁에만 국한되지 않는다. 영국의 '적색조례(The Locomotives on Highway Act)' 사례에서도 이러한 상징성이 나타난다. 마차 업자들은 자동차의 부정적 의미를 내세워 정치권을 압박했고, 이는 자동차 산업의 발전을 저해하는 결과를 낳았다. 이 법은 자동차의 위험성을 과장해 자동차의 발전을 막으려는 시도로 평가받았지만, 결국 기술의 발전과 효율성에 의해 그 부정적 상징성은 제거됐다. 자동차의 효율성과 이익이 입증되면서, 마차 업자들이 제기했던 부정적 상징성은 사라졌고, 법은 실제 결과에 의해 부정적 의미를 지니게 되었다. 이는 기술 발전과 사회적 변화가 어떻게 상징적 의미를 변화시킬 수 있는지를 보여 주는 사례다. 따라서 리얼돌과 섹스로봇의 상용화 논의에서도 실증적 결과가 중요하게 다뤄져야만 한다.

기술 발전과 사회적 변화

새로운 기술은 언제나 새로운 문제를 야기하지만, 우리는 긍정과 부정으로 단정하기보다는 다른 관점에서 접근해야 할 필요가 있다. 리얼돌과 섹스로봇은 인간의 성적 욕구와 관련이 있지만, 그 이상의 사회적 기능과 삶에 끼칠 변화를 면밀히 들여다볼 필요가 있다. 이러한 인공물들이 가져올 긍정적 변화를 고려하면서, 발생할 수 있는 문제에 대한 부분적 대응이 필요하다. 기술은 그 자체로 중립적이며, 그것이 사회에 미치는 영향은 사용 방식에 따라 결정된다. 따라서 기술의 상용화는 그로 인한 이익과 위험을 균형 있게 평가하는 것이 중요하다. 이는 섹스로봇과 같은 인공물이 사회적 · 윤리적 측면에서 어떤 기여를 할 수 있는지를 이해하는 데 필수적이다. 기술 발전은 사회적 가치와 윤리적 기준을 재검토할 기회를 제공하기 때문이다.

섹스로봇에 대한 건전한 접근 방식

우리가 취해야 할 적절한 접근 방식은 "현상 그 자체는 받아들이되 발생할 수 있는 문제가 있다면 전면 금지보다는 부분적으로 대응해야 한다"(투데이신문, 2020)는 것이다. 우연한 상징성에 근거한 전면 금지나 찬성과 같은 극단적 입장을 지양하고, 이 인공물들을 어떻게 좋은 방향으로 활용할 수 있을지 모색해야 한다. 이는 섹스로봇이 사회적, 윤리적 차원에서 어떤 의미를 가질 수 있는지를 이해하고, 책임 있는 기술 개발과 사용을 위한 방향성을 마련하는 데 기여할 것이다. 긍정적 결과를 가져올 수 있는 방법을 찾고, 부정적 결과를 최소화하기 위한 노력이 필요하다. 이는 사회적 합의를 통해 이뤄져야 하며, 다양한 이해관계자의 의견을 반영해야 한다.

균형 잡힌 논의의 필요성

결론적으로, 섹스로봇에 대한 논의는 상징적 의미의 가변성을 인식하고, 실증적 근거에 기반한 포괄적 접근을 통해 이뤄져야 한다. 이는 성적 인공물이 인간의 가치와 관계에 미칠 수 있는 복합적인 영향을 이해하고, 보다 책임 있는 사회적 · 윤리적 대응을 위한 방향성을 마련하는 데 중요한 역할을 할 것이다. 이러한 접근은 기술의 발전이 사회에 미칠 긍정적 · 부정적 영향을 균형 있게 평가하고, 사회적 가치와 윤리적 기준을 재정립하는 데 기여할 수 있다. 지속적인 연구와 대화가 필요하며, 이는 사회적 합의와 법적 규제의 기초가 될 것이다. 이를 통해, 섹스로봇이 미래 사회에서 어떤 역할을 할 수 있는지를 명확히 하고, 사회적 통합과 윤리적 책임을 강화할 수 있을 것이다.

참고문헌

투데이신문(2020.5.12). "[리얼돌, 그 불쾌한 골짜기를 걷다④] "리얼돌의 미래는 인공지능 로봇… 구시대적 생각 바꿔야"". https://www.ntoday.co.kr/news/articleView.html?idxno=72518

10
AI와 성의 경계

21세기의 기술 혁신은 우리 삶의 많은 부분을 변화시키고 있으며, 그중에서도 AI 섹스로봇의 출현은 성과 윤리에 관한 새로운 논쟁을 불러일으키고 있다. AI 섹스로봇은 단순히 성적 욕구를 충족하기 위한 도구로서의 역할을 넘어, 인간의 성적 경험과 사회적 관계를 재정의할 잠재력을 지니고 있다.

AI와 미래 의사?

전통적 성윤리의 특징과 그 한계

우리가 검토했던 전통적 성윤리는 주로 결혼, 출산, 사랑 등의 조건을 중심으로 성행위의 도덕성을 판단해 왔다. 이러한 윤리는 성행위가 출산을 목적으로 하거나, 부부 간의 사랑에 기반해야 도덕적으로 허용된다는 입장을 취한다. 그러나 이러한 기준은 섹스로봇과 같은 새로운 기술적 존재들에 적용하기 어렵다. 섹스로봇은 인간 간의 전통적 상호작용을 넘어서는 새로운 형태의 성적 경험을 제공하며, 전통적 윤리 기준이 포괄하지 못하는 문제를 제기한다. 이로 인해 전통적 성윤리는 현대 사회에서 성과 관련된 문제를 해결하는 데 한계를 드러내며, 섹스로봇의 등장은 새로운 윤리적 접근과 이해를 요구한다.

섹스로봇 논쟁의 현재와 미래

섹스로봇과 같은 성적 도구를 둘러싼 논쟁은 여전히 뜨거운 감자다. 오래전 이 문제가 공론화된 이후에도 큰 변화는 없었다. 몇 년 전 한 의원이 '아동형상 리얼돌 규제법안'을 발의했으나 성인형 리얼돌과 체험방에 관한 규제는 여전히 충분히 논의되지 않고 있다. 리얼돌이나 섹스로봇과 같은 도구들은 인간의 존엄성과 개인의 자유,

정부의 개입, 여성의 사물화, 성적 유아론 등 복잡하고 민감한 철학적 문제를 야기하며, 이러한 이유로 더욱 심층적이고 전문적인 토론이 필요하다. 특히 리얼돌이나 섹스로봇 체험방은 매춘과 유사하다는 지적이 나오고 있으며, 그 파급효과를 정확히 이해하기 위해 실증적 근거가 필요하다는 의견이 제기되고 있다.

우리는 섹스로봇이 남성과 여성의 불평등한 상징을 구체화하고 인격의 훼손을 초래한다는 주장에 주목했다. 다나허(John Danaher)는 이러한 주장이 '우연적 상징성'에 근거한다고 분석하며, 실질적 문제는 상징성이 아닌 '실천적 근거'로 해결해야 한다고 주장한다. 리처드슨(Kathleen Richardson)과 윤지영은 이러한 성적 도구들이 성적 유아론을 강화한다고 지적하며, 이는 인간의 인권을 침해할 수 있음을 경고한다. 다나허의 분석에 따르면, 리얼돌 사용 반대는 '상징적 결과 논증'에 기반하지만, 이는 충분한 실증적 증거 없이 임의적으로 부여된 상징에 의존한 것이라 비판한다. 따라서 그는 제한적 허용을 통해 실험적으로 접근하자는 제안을 한다. 이는 섹스로봇의 사회적 영향을 평가하고, 그에 기반한 정책을 모색하는 데 도움을 줄 수 있을 것이다. 실증적 접근과 사회적 합의를 위해 학계의 열린 토론과 추가 연구가 필요하다(교수신문, 2021).

기술 발전과 사회적 변화

기술의 발전은 언제나 새로운 문제를 야기하지만, 우리는 긍정과 부정으로 단정하기보다는 다양한 관점에서 접근해야 한다. 리얼돌과 섹스로봇은 인간의 성적 욕구와 관련이 있지만, 그 이상의 사회적 기능과 삶에 끼칠 변화를 면밀히 들여다볼 필요가 있다. 이러한 인공물들이 가져올 긍정적 변화를 고려하면서, 발생할 수 있는 문제에 대한 부분적 대응이 필요하다. 기술은 그 자체로 중립적이며, 그 사회적 영향은 사용 방식에 따라 달라진다. 사회적 합의와 객관적 평가가 이뤄질 수 있도록, 기술을 상용화할 때는 그로 인한 이익과 위험을 균형 있게 평가하는 것이 중요하다.

새로운 윤리적 프레임워크의 필요성

섹스로봇과 같은 새로운 기술에 대한 접근은 전통적 성 윤리의 경계를 넘어서는 새로운 윤리적 프레임워크를 필요로 한다. 이는 성적 인공물이 사회적 · 윤리적 차원에서 어떤 기여를 할 수 있는지를 이해하고, 책임 있는 기술 개발과 사용을 위한 방향성을 제시하는 데 필수적이다. 우리는 섹스로봇이 사회적 · 윤리적 차원에서 가져올 수 있는 다양한 결과를 예측하고, 이러한 결과를 기반으로 사회적 통합과 윤리적 책임을 강화할 수 있는 방안을 모색해야 한다. 지속적인 연구와 대화는 이 과정에서 필수적이며, 이는 사회적 합의와 법적 규제의 기초가 될 것이다.

AI 섹스로봇의 미래

결론적으로, AI 섹스로봇의 개발은 전통적인 성 담론과 윤리적 경계를 무너뜨리고 새로운 윤리를 요구한다. 이는 성적 인공물이 인간의 가치와 관계에 미칠 복합적인 영향을 이해하고, 사회적 · 윤리적 대응을 위한 방향성을 마련하는 데 중요한 역할을 할 것이다. 지속적인 연구와 대화가 필요하며, 이는 사회적 합의와 법적 규제의 기초가 될 것이다. 이를 통해 섹스로봇이 미래 사회에서 어떤 역할을 할 수 있는지를 명확히 하고, 사회적 통합과 윤리적 책임을 강화할 수 있을 것이다.

참고문헌

교수신문(2021.5.4). "리얼돌 허용? 금지? "실험적으로 접근해보자"".

https://www.kyosu.net/news/articleView.html?idxno=65828

김태경

제주대학교 윤리교육과 조교수다. 영국 요크대학교에서 심리철학 박사학위를 받았다. 성균관대학교 철학과 인문교육연구소에서 "지각 경험에 있어서 개념주의 논변"을 연구했다(2019~2021). 제주대학교 교육과학연구소 부소장으로 활동하고 있다. "인공지능으로부터 야기되는 윤리적 문제에 대한 사회적 합의는 가능한가?: 고인석 저, 《인공지능과 로봇의 윤리》에서 인공지능의 자율성과 책임귀속의 문제를 중심으로"(2023), "전통적 성윤리에 기반한 섹스로봇에 대한 도덕적 가치판단은 정당한가?"(2023), "리얼돌과 섹스로봇의 상징성 문제"(2020), "섹스로봇(Sex robot)의 상용화가 갖는 윤리적 문제와 윤리적 정당성 확보에 대하여"(2019), "장기기증을 위한 뇌사자의 안락사 문제: 뇌사자의 비자의적 장기기증에 대한 윤리적 정당성 검토"(2019) 등 10편 이상의 논문을 KCI 학술지에 게재했다.